AF408794

FELICIDADE?

DA HABITUAÇÃO À PLENA REALIZAÇÃO

Para minha família,

Para meus amigos,

Para meus colegas,

Para meus pacientes,

minhas principais fontes de inspiração.

Você será capaz de mudar a sua vida

apesar das "armadilhas do cérebro"?

O cérebro frequentemente nos engana e prega peças ao criar a ilusão de alegria e felicidade. A **habituação à felicidade** é um fenômeno que corrói aquilo que nos faz felizes ou alegres.

Neste livro, você aprenderá sobre os mecanismos que controlam o cérebro e entenderá os motivos pelos quais nunca estamos satisfeitos. Em resumo, você irá decifrar a origem da frustração e como os cinco elementos efêmeros do cérebro funcionam. Então, você assumirá o controle da sua vida e **será capaz de mudar** usando os valores permanentes do cérebro para focar mais em contentamento e valorização de sensações prazerosas oferecidas a você pela vida. Este é um livro motivacional que lhe ajudará a descobrir muito sobre si mesmo.

| PREFÁCIO |

Eu gostaria de iniciar este livro com algumas anedotas do meu dia a dia como médico.

Minha primeira anedota refere-se a uma paciente. Ela era uma jovem mulher de trinta e poucos anos, que tinha acabado de se tornar mãe pela primeira vez. Ela estava radiante de felicidade. Foi a primeira vez que a vi depois que deu à luz. Ela estava de fato, radiante, sorridente e contente. "Eu sou uma mulher feliz e realizada", ela me disse à época.

Depois de sete ou oito meses, ela marcou outra consulta. Não encontrei a jovem mãe radiante e realizada de antes. Não que ela tenha perdido o vigor, mas a felicidade de ser mãe parecia ter "se esgotado". "Existem boas coisas em ser mãe, mas também muitas mudanças que transformam a vida cotidiana..." ela me disse em tom sombrio.

Obviamente, a alegria intensa de ter um filho havia diminuído. Ela já estava cansada e se perguntando se trabalhar e ser capaz de criar seu filho eram atividades compatíveis. Ela também estava nervosa: Lembro-me de ela esfregar as mãos descontroladamente. Ao final da consulta, recordo de dizer a mim mesmo, "É uma pena: ela achou que ao tornar-se mãe, seria a mulher mais feliz, que estaria no auge da felicidade, mas claramente não é o caso". A experiência é geralmente mais desagradável do que nosso cérebro e mente querem que imaginemos.

O segundo exemplo que me marcou como médico, foi de um homem, trinta e dois anos de idade, que havia acabado de comprar a casa dos sonhos com sua companheira e após algumas semanas de reforma, estava finalmente aproveitando a casa. Ele veio para uma consulta de rotina e disse: "Agora que comprei a casa que sempre quis, posso aproveitar a vida". Muitos meses depois, ele voltou ao meu consultório com uma aparência derrotada. Problemas no trabalho e preocupações familiares estavam pesando em sua mente e tinham sugado a energia positiva que ele tinha na consulta anterior. Ele estava triste. Eu perguntei inocentemente: "E então, como está a casa? Ainda se sente bem nela?" Ele respondeu mal-humorado e com um tom de voz amargo: "Ah sim... bem, sabe, nos acostumamos a ela".

Claramente, o que havia sido a fonte de sua felicidade havia alguns meses, não o era mais. A casa não foi uma fonte sustentável de realização como se pensou que seria.

A terceira anedota que ilustra as armadilhas do cérebro refere-se a outro jovem homem, que havia acabado de se formar na faculdade e sido recrutado para uma grande empresa internacional de consultoria. Por ter vindo de uma família com limitados recursos financeiros, conseguir um trabalho com contrato permanente e extremamente bem pago, encheu-o de alegria. Ele iria começar a trabalhar em poucos dias após a consulta e estava muito animado. Em primeiro lugar, o tipo de trabalho era muito atraente para ele. Em segundo lugar, já que estava profissionalmente integrado — e muito bem integrado — ele poderia projetar seu futuro: comprar uma casa, sair de férias, ter uma família, etc. Estava animado e sentia que seus estudos estavam finalmente dando resultados. Para ser sincero, achei que nunca mais o veria, pois a firma à qual se juntou estava no coração de Paris, no elegante 16º distrito, porém cerca de um ano depois, pra minha grande surpresa, ele reapareceu. Tinha abandonado o emprego, retornado para as províncias e decidido fazer um concurso para se tornar professor especializado. Pelo que me lembro, quando o questionei sobre isso, ele me respondeu: "De início, amei o trabalho, era emocionante, mas depois de alguns meses, percebi que não tinha vida. Estava trabalhando até meia-noite e muitas vezes aos finais de semana, incluindo os domingos! Pensei que o trabalho iria permitir a minha realização, mas estava me destruindo. O que preciso é de um trabalho que faça sentido pra mim, mesmo que pague menos".

Essas anedotas ilustram o que eu chamo de "cérebro trapaceiro". É um fenômeno que deteriora o que nos faz felizes ou alegres: assim que a fonte de bem-estar ou de felicidade entra em nossas vidas, progressivamente a esquecemos e ela perde o poder de nos fazer felizes. O cérebro nos estimula a sempre buscar "mais" em vez de "melhor", que seria a forma de alcançar o bem-estar e a realização pessoal de maneira duradoura, profunda e estável.

O cérebro nos engana e nos prega peças ao nos dar a falsa impressão de alegria e felicidade, apenas para nos acostumarmos a isso e ficarmos entediados. Por que é assim? Simplesmente, porque esse fenômeno faz a felicidade ser passageira e de curta duração. Ele nos acostuma à felicidade como se ela fosse uma certeza e nos força a alcançar ainda mais satisfação. Isso nos incentiva a buscar por mais sensações de bem-estar e alegria, como uma corrida precipitada em direção à "sempre mais" felicidade. Quase como um vício, isso é certo.

Esse fenômeno, tão intenso em nossas vidas, mesmo que não o percebamos na maior parte do tempo, é fácil de reconhecer por nós mesmos. Você já desejou algo tão intensamente, imaginando que isso faria sua vida diferente, mais feliz e emocionante? E então, finalmente, quando o conquista (ex.: graduação, promoção, o mais recente console de videogame), após os primeiros instantes, você se acostuma e a alegria que experimentou gradualmente desaparece. O cérebro, então, nos impulsiona em direção a outro objetivo e esperamos que ele nos desperte a felicidade novamente. Mas o mecanismo está funcionando e, mais uma vez, o sentimento de alegria é de curta duração. Isso nos faz ir além, procurando outras fontes de felicidade para satisfazer nosso cérebro insaciável.

Esse fenômeno cria uma sociedade de pessoas constantemente desgostosas, com expectativas eternas, que não sabem como aproveitar e se sentir satisfeitas com o que já possuem. É um pouco como a nossa sociedade moderna, que nos pressiona a cansarmos muito rapidamente de coisas que desejamos. A publicidade nos estimula a isso. O mundo da indústria da confecção é um bom exemplo: ele nos instiga constantemente a renovarmos nosso guarda-roupa, apesar de raramente usarmos a maioria das roupas mais de uma vez. Os profissionais de publicidade e marketing estão apenas jogando com nosso cérebro trapaceiro e amplificando seu mecanismo.

Com o passar dos anos, a neurociência fez um progresso considerável com novas descobertas acerca de como o cérebro atua, fornecendo mais informações sobre como funcionamos todos os dias. A ciência explica. Agora possuímos um melhor conhecimento e entendimento sobre os mecanismos do cérebro.

É certo e universal que todos desejamos a felicidade. Nós a encontramos em pequenas coisas do dia a dia, grandes ou pequenos momentos de satisfação, mas no fim, tudo é temporário. Nada dura para sempre. A excitação e a satisfação se esvaem. Deste modo, o cérebro comanda o show. Isso é uma coisa ruim? Não necessariamente. O essencial é observar e não julgar.

Somos privilegiados por termos comida em nossas mesas e ainda assim, reclamamos por tantas coisas. Se estamos insatisfeitos, é porque vez ou outra sentimos algum vazio dentro de nós! De fato, coisas materiais irão nos satisfazer apenas por um tempo. Talvez precisemos de algum significado em nossas vidas. Quem sabe, amor. Algum reconhecimento, gratidão.

Quando estamos perdidos, somos como folhas secas que são levadas da calçada à rua pelo vento e precisam seguir seu caminho. À noite, quando olhamos para as estrelas, deveríamos agradecer por todos os pequenos momentos de contentamento que dão mais cor à nossa vida. Muitas vezes, a vida parece amarga, mas essa percepção nos ajuda a apreciar melhor os bons momentos. Precisamos destes contrastes.

Precisamos estar atentos à natureza enganosa do cérebro, que nos faz acreditar que a felicidade é sempre ilusória. Nos acostumamos à felicidade e à prosperidade, principalmente, devido aos mecanismos do cérebro. Às vezes, nos sentimos bem, felizes e valentes, e no dia seguinte, tudo desaparece. Nosso sentimento de realização perdura por um dia, por um momento e desaparece, então começamos a buscar livros, guias, instrutores de desenvolvimento pessoal, tudo em um esforço de manter esse sentimento.

O bem-estar individual e a realização não são questões de menor importância. "Realização" é uma palavra que usamos de várias maneiras. Tem origem nos termos: realizar e ação. Em relação às pessoas, descreve um estado de ser radiante, confortável e de completude. Significa estar calmo e equilibrado, aproveitando todas as oportunidades na vida, independentemente das dificuldades encontradas. Finalmente, a realização é a expressão experimentada e concreta da felicidade.

Entretanto, se não compreendermos como o cérebro funciona, esta experiência não pode ser completamente desfrutada. Nosso cérebro trapaceiro é particularmente bom em nos manter neste estado de felicidade e animação, mas isso nunca dura. As coisas funcionam assim: quando dizemos a nós mesmos "estou feliz", isso não dura. Por quê? Acontece, simplesmente, devido ao nosso hábito — em outras palavras, nosso vício em felicidade, que é controlado pelo cérebro.

Este livro busca mudar radicalmente a maneira como enxergamos nossas vidas ao nos tornarmos conscientes desta habituação à felicidade, pois o cérebro gradualmente reduz os efeitos daquilo que desfrutamos. Compreender isso é fundamental, pois está no cerne da delicada e complexa natureza do ser humano.

Vamos utilizar nosso cérebro trapaceiro para redescobrirmos nossa riqueza interior e parar de sermos enganados pelas ilusões que, muitas vezes, têm impactado nossas vidas. Vamos recuperar o controle. Alegria, felicidade e contentamento já existem dentro de nós. Entretanto, o cérebro tem nos induzido a certos hábitos e, dessa maneira, perdemos o tempero da vida. Ainda assim, tudo está aí, como um tesouro enterrado dentro de nós que precisa ser trazido à tona. Esta é a chave para uma felicidade e realização interior mais saudável, segura e sutil.

PARTE 1

| ALGUNS ESCLARECIMENTOS INICIAIS |

1. Hedonismo

Desejo iniciar com este primeiro esclarecimento. É importante. De fato, noto que muitas pessoas confundem felicidade com hedonismo.

Então, para ser claro — há hedonismo e hedonismo. O que eu quero dizer com isto? Que devemos distinguir o hedonismo retratado na filosofia grega do hedonismo como o compreendemos hoje. Em seu sentido original, o hedonismo é uma filosofia atribuída à Aristipo de Cirene no século V a.C. Os princípios essenciais desta antiga escola de pensamento são a busca pelo prazer e a esquiva do sofrimento como objetivo da existência humana. O epicurismo, em um sentido mais global, é por vezes associado ao hedonismo e nessa filosofia os seres humanos buscam os simples prazeres da vida. Já o hedonismo preconiza a moderação na busca pelo prazer. A felicidade é encontrada em uma simples, direta e moderada valorização de pequenas alegrias, e é através de seu prazer moderado e contentamento real que a vida humana pode ser apreciada.

Entretanto, aqui estamos interessados no significado comum e confuso. Paradoxalmente, o significado original do hedonismo se transformou: antes, referia-se ao prazer moderado e agora, sinônimo de prazer total e ilimitado. Isso é estranho. É como se o cérebro tivesse pregado uma peça e nos feito interpretar uma antiga sabedoria de uma maneira que nos convenha, ou seja, com recompensas instantâneas. Estamos na era do "tudo aqui e agora". Enquanto, originalmente, o hedonismo preconizava a valorização das pequenas alegrias humanas, mesmo as mais simples, o significado atual se volta para a ideia da satisfação desenfreada dos nossos impulsos e desejos. Desta forma, Larousse nos proporciona estas duas definições:

- "a filosofia que faz do prazer seu objetivo de vida" e

- "motivação de atividade comercial que busca o máximo resultado através do mínimo esforço".

O ponto em comum dessas duas definições é que elas definem o hedonismo como uma busca egoísta pelo prazer. Então descobrimos um outro truque do cérebro: um tipo de culpa que às vezes dá as caras quando egoisticamente nos "desapegamos" para ter satisfação pessoal, principalmente quando isso acontece às custas dos outros.

A palavra "hedonismo", portanto, evoluiu com o tempo, criando interpretações errôneas. Então, só para esclarecer as coisas logo de início: este livro não preconiza a ideia de satisfação desenfreada de prazeres e desejos. Não defende o princípio do "faça e pegue o que quiser". O dano social decorrente de tais comportamentos compulsivos é atualmente tão evidente que não precisamos ir nesta direção.

Nosso uso diário da linguagem associa o epicurismo ao hedonismo. Novamente, há muita confusão com a filosofia original de Epicuro. Mas, esse não é o problema. No senso comum, o hedonismo e o epicurismo se tornaram sinônimos e referem-se à busca pelo prazer imediato. "*Carpe diem*" ("aproveite o dia") para a maioria das pessoas quer dizer "desfrute". Um hedonista ou epicurista é alguém que desfruta. Mas o que significa desfrutar? Na atualidade, para muitas pessoas, desfrutar significa, por exemplo, fazer compras, sair de férias, ter uma casa grande legal ou ter o que quiser imediatamente. Em resumo, o cérebro trapaceiro distorce o significado da palavra "desfrutar" e a torna sinônima de satisfazer desejos inúteis e entregar-se aos prazeres impulsivos e não construtivos. Desfrutar então se converte em "desfrutar sem consciência", e assim, justificamos nossos caprichos de uma forma totalmente egoísta: "É meu direito ter prazer". Não pensamos mais nas consequências de nossas satisfações pessoais em relação aos outros, porque reagimos automaticamente, guiados apenas por um cérebro que nos faz acreditar que tais coisas nos farão felizes.

Entretanto, neste livro, o verbo "desfrutar" é interpretado no sentido concedido pelos sábios da Antiguidade: viver a vida com consciência e sem excessos, saboreando as pequenas coisas enquanto nos mantemos afastados das más.

*****

Este livro busca englobar os mecanismos que controlam a mente, assim como compreender os motivos pelos quais nunca estamos satisfeitos, mesmo após obter o que desejamos. Em resumo, busca decifrar os conceitos de frustração, insatisfação e incompletude; e focar mais no contentamento e na valorização de sentimentos prazerosos que nos são oferecidos pela vida. Poderíamos dizer que, ao fazê-los, buscamos o prazer com mais qualidade do que quantidade. O cérebro trapaceiro nos impulsiona com maior intensidade em direção ao "mais" que ao "melhor". Contudo, o conceito de contentamento não é uma palavra vazia. Ela pode ser colocada em prática. Para fazê-lo, é necessário compreendermos como o cérebro funciona, como ele de alguma maneira nos faz acreditar que nunca possuímos o suficiente ou que tal coisa fará nossa vida maravilhosa. Até faz, mas por quanto tempo? Um dia, uma semana, um ano?

E depois? Nós "caímos na armadilha outra vez" e somos aprisionados em ruminações, frustrações e em sentimentos no limite.

2. Você está feliz

Vamos começar com uma verdade simples e direta, que é muito raramente ouvida: você é feliz.

Releia a frase atenta e silenciosamente e avalie a sua própria condição. Você é feliz? Sim, você é. Mas alguma coisa está fazendo você reagir negativamente. Um "não, você não é" ou um "se" interferem: "se eu tivesse tal coisa, sim, eu seria feliz" (ex.: se eu fosse promovido, se eu tivesse conhecido minha alma gêmea, se eu tivesse ganhado algum dinheiro, se eu fosse viajar, se eu tivesse uma piscina). Aquela coisa pequenina, aquela voz sutil, que é na maioria das vezes inconsciente, é uma das peças que o cérebro trapaceiro nos prega. Ele nunca está satisfeito com o que possui e fantasia sobre o que gostaria de ter. Nunca é suficiente. Precisamos compreender este ciclo sem fim! Caso contrário, estamos condenados a viver como ratos que giram incansavelmente na roda de suas gaiolas.

Uma resistência interna nos impede de sermos felizes. Entretanto, nos tornarmos conscientes de que estamos, de fato, felizes, permite a superação deste obstáculo. Precisamos simplesmente avaliar ou, por assim dizer, escolher nossas necessidades.

Há uma hierarquia de necessidades. Pode parecer chocante pensarmos assim, mas este é o caso. Pense bem... A felicidade não é a possibilidade de viver a vida em toda sua extensão e aproveitar todas as oportunidades? Para isso, as necessidades primárias formam a primeira base essencial. Mas, o que são essas necessidades?

- Satisfazer nossa fome e sede parecem necessidades óbvias. Atualmente, em sociedades ocidentais modernas, comer e beber água limpa e segura não é mais um problema. Essa necessidade é amplamente atendida para a maioria da população.

- A maioria das pessoas, exceto os moradores de rua, possui uma casa para morar e se proteger do mau tempo. Talvez a casa não seja grande o suficiente, não possua jardim ou piscina, mas dormir em uma cama, abrigado da chuva e do vento, já é algum luxo. Vamos tentar imaginar a vida dos humanos pré-históricos que não tinham habitações fixas e sólidas. Imagine o quão difícil deve ter sido para eles.

- Atender a nossa necessidade de segurança é fundamental, porque ela está conectada ao nosso instinto de sobrevivência e ao cérebro primitivo; sendo assim, é essencial para avançarmos e vivermos a vida ao máximo. No geral, e em comparação com os tempos antigos, esta necessidade está sendo atendida: claro, não há vida livre de riscos, mas os riscos de perigos permanentes estão consideravelmente sob controle. De maneira similar, temos acesso à saúde e estamos vivendo em paz, bens preciosos.

*****

De um modo mais geral, essas necessidades primárias estão sendo supridas e outras como necessidade sociais, como ir à escola, receber educação, instrução ou orientação profissional, são atendidas. Tudo isso é verdade. Nosso mundo moderno assumiu, em grande parte, essas necessidades básicas, naturais e forneceu respostas concretas.

Muitas vezes, nos esquecemos de como era a vida há cinquenta anos. Nunca antes na história da humanidade, as sociedades alcançaram nosso moderno nível de conforto. É fácil perceber isso. E ao fazê-lo, significa recuperarmos o controle do cérebro trapaceiro, que nos faz acreditar que sempre falta alguma cosa.

Sim, estamos felizes, porque todas essas preocupações que atormentam a humanidade desde o início (ex.: fome, sede, sono, sobrevivência) são muito menos preocupantes para nós hoje. Por esse motivo, todas as condições para uma vida realizada estão aí. Todas as outras questões são apenas projeções da nossa mente.

O cérebro não reconhece a realidade deste conforto da vida; por hábito, considera-a natural e assim, preferimos focar nos aspectos negativos da vida. De alguma forma, perdemos a lucidez quando se trata de nossa condição, pois o cérebro nos acalenta com ilusões. O cérebro sempre nos faz esperar por mais, pelo melhor.

Isso é condenável? Não, de modo algum. Isso é o que tem permitido aos humanos buscarem uma melhoria constante, em direção a um progresso ainda mais real. Porém, a partir do momento que focamos nos aspectos negativos, que aceitamos apenas os prazeres da vida, perdemos nossa lucidez e nos tornamos mais frágeis.

3. Insatisfações comuns do dia a dia

Vemos que as insatisfações comuns do dia a dia causam um impacto real em nossas vidas. Elas nos mostram como o cérebro trapaceiro funciona: para cada desejo não realizado, ele reage com uma sensação de que algo está faltando, uma tensão interna. É como se estivesse tentando nos "punir" por não termos "mordido a isca".

Acima de tudo, devemos notar que as insatisfações surgem de desejos não realizados que nos dão a sensação de que algo está faltando e finalmente, de infelicidade.

Devemos distinguir entre desejo, prazer, felicidade e alegria — distingui-los, porém focando em suas correspondências e correlações.

O desejo é uma força interna que nos leva a satisfazer nossas vontades e aspirações. O prazer é um sentimento bom que é gerado pelo cérebro quando um desejo é realizado. A alegria é o componente mental resultante. A felicidade, por outro lado, é um conceito que nos faz perceber que estamos aproveitando uma vida plena, na qual os desejos estão sendo realizados na maioria do tempo, pelo menos, os mais importantes.

Os vários aspectos funcionam em cadeia. Por outro lado, um desejo não realizado gera um sentimento mais ou menos desagradável. Vamos utilizar um exemplo de grande efeito: uma pessoa que está muito apaixonada e é rejeitada pela outra pessoa, tem uma experiência desagradável. Quanto mais intenso é o desejo, mais desagradável é a experiência. Alguns atos desesperados podem até ser cometidos...

Entretanto, mesmo em situações mais cotidianas, experimentamos muitos momentos de insatisfação em nossas vidas. Às vezes, não estamos conscientes dessas situações e sofremos, mesmo sem percebê-las ou verbalizá-las. Uma das insatisfações mais comuns refere-se ao tempo: um dia cinza e chuvoso irá provavelmente nos deixar deprimidos, porque gostaríamos muito que o tempo estivesse bom... Mas há muitos outros exemplos corriqueiros, por exemplo, transporte público atrasado, um guarda-chuva esquecido, férias canceladas, uma reunião adiada ou uma noite decepcionante.

Essas insatisfações do dia a dia são como pequenos espinhos que nos atingem sorrateiramente. Elas geram raiva, inveja, decepção e aflição.

*****

Poderíamos também dizer que essas insatisfações atuam em dois níveis. O primeiro nível é o pessoal. Constantemente nos comparamos. Nossa sociedade consumista se utiliza desse mecanismo para nos incitar a comprar esta ou aquela coisa, para nos fazer consumir este ou aquele serviço. Durante a nossa vida, há tantas comparações! Nossa autoestima é minada tantas vezes!

O outro nível é mais social. No final dos anos 90, dois astutos observadores da sociedade, Jean-Paul Fitoussi e Pierre Rosanvallon, escreveram o livro intitulado *"Le nouvel âge des inégalités"* (*"A nova era das desigualdades"*). Nesse livro, previam o domínio e a multiplicação das desigualdades entre indivíduos em uma balança social. Em resumo, previam as insatisfações, os sentimentos de injustiça e inveja em relação as outras pessoas como um fenômeno massivo, e que isso se tornaria algo comum e padrão. Isso é, de fato, o que observamos hoje: demandas individuais (e até individualistas) e pessoais se tornaram a força motora de nossa sociedade atual. O bem individual e egoísta parece ter prevalecido sobre o bem comum.

4. Automatização da felicidade

Precisamos entender o mecanismo do cérebro trapaceiro para melhor compreender o conceito de felicidade (e fazer dela uma realidade em nossas vidas).

Frequentemente, notamos que quando obtemos algo ou quando uma situação está alinhada com nossos desejos, somos invadidos por um sentimento de plenitude ou alegria. Isso pode durar vários dias, meses ou até anos. Porém o sentimento sempre acaba desaparecendo. O cérebro nos impele a buscar e encontrar em outro lugar essa sensação prazerosa da qual ele tanto gosta. Em outras palavras, nos habituamos à felicidade e na maioria das vezes temos a impressão de que ela dura muito pouco. Isso é devido ao funcionamento neurobiológico do cérebro. Mudanças químicas e hormonais ocorrem no processo: elas se espalham e então desaparecem, "acabando" com a nossa alegria e prazer. Isso é uma forma de vício mental, que irá nos fazer buscar por algo mais que nos reconecte com as sensações prazerosas. Também nos desafia, por exemplo, a comprar tal objeto, a pedir uma promoção ou convidar uma pessoa atraente para um jantar.

Ao analisar detalhadamente, nos encontramos presos nas engrenagens do cérebro, que controlam a maioria de nossas vidas. Em resumo, geralmente funcionamos por impulso ou compulsão, então ao ter sua "dose" de sensação prazerosa, o cérebro se torna sensato novamente. Assim, temos a impressão de que não estamos mais felizes, de que precisamos buscar a felicidade em outro lugar e pensamos que o que nos fez feliz não é mais suficiente. A compulsão, a habituação e a exaustão são sinônimos que descrevem o funcionamento do cérebro trapaceiro. Seu maior truque é nos fazer acreditar que a felicidade que conquistamos não é mais suficiente e que precisamos procurá-la em outro lugar.

Isso está em perfeita harmonia com a nossa sociedade consumista, que faz da acumulação permanente um vetor de felicidade e realização. Mas, como vimos, nos deixamos enganar.

As automatizações surgem quando reagimos e não quando estamos conscientes do que estamos fazendo. Quando o cérebro ativa um gatilho de desejo muito forte e nos precipitamos em realizá-lo, estamos agindo por impulso. Geralmente, pequenos desejos e até mesmo problemas muito menores nos fazem agir por impulso. Estamos presos nas automatizações, até mesmo quando acreditamos que estamos no controle total de nossas ações. Agimos por impulsos mentais. Quantas vezes fizemos algo e, mais tarde, percebemos que não tínhamos pensado direito e que não devíamos tê-lo feito, que deveríamos ter evitado fazê-lo?

É em parte em cima desses impulsos, reações automáticas e truques do cérebro que tentamos construir nossa felicidade pessoal, o que é muito complicado. O cérebro nos impulsiona em direção a fontes muito instáveis, que trazem satisfações voláteis com as quais nos acostumamos muito rapidamente, porque são muito fáceis, materialistas, rotineiras ou excessivas. Além do mais, o cérebro fica entediado muito depressa...

Quais são as implicações neurobiológicas do cérebro trapaceiro? A neurociência fez um enorme progresso: cientistas agora compreendem e observam os impulsos do cérebro. Os mecanismos das moléculas ativas, geradas e absorvidas pelo cérebro, são agora bem conhecidas. Em geral, seis hormônios são responsáveis pela felicidade e sensações prazerosas. Eles são ativados ou desativados dependendo das sensações que sentimos.

A. Serotonina

A serotonina é um neurotransmissor do sistema nervoso central e do trato digestivo. Ela afeta a digestão, crescimento ósseo, desenvolvimento e a boa saúde dos órgãos.

Está envolvida na modulação do humor e associada com a felicidade quando está equilibrada, reduzindo a tomada de riscos e incentivando o indivíduo a manter uma situação satisfatória. Mais recentemente, foi identificado que a serotonina possui papel importante na dinâmica do orgulho e da lealdade. Quando experimentamos um sentimento de realização ou reconhecimento de outras pessoas, estamos vivenciando os efeitos da serotonina.

Para aumentar a serotonina, estimule regularmente a busca por situações que realcem sentimentos de realização. Ser capaz de dizer "eu consegui!" aumentará a sua autoestima, seu ânimo e por consequência, diminuirá a insegurança.

B. Ocitocina

A ocitocina é um outro hormônio, diretamente associado ao vínculo humano, aumento da confiança, compartilhamento e lealdade. Em alguns estudos, altos níveis de ocitocina têm sido correlacionados com o apego romântico. Algumas pesquisas mostram que se um casal passa um longo período de tempo separado, a falta do contato físico reduz a ocitocina e isso leva a um desejo de vínculo novamente.

Como você pode aumentar seus níveis de ocitocina? Interações sociais positivas tendem a ser a melhor forma de aumentar a produção deste hormônio; por exemplo: trabalhar em conjunto, dividir uma refeição, dar um presente, abrir-se emocionalmente, exercer a atenção plena enquanto escuta alguém e abraçar por um longo tempo.

A ocitocina pode ajudar a combater o estresse, melhorar seus relacionamentos e promover emoções positivas duradouras.

C. Endocanabinóides

Os endocanabinóides são um grupo de substâncias químicas que ativam receptores canabinóides no corpo humano e em mamíferos.

A anandamida (da palavra em sânscrito *ananda*, que significa felicidade) é a mais conhecida entre as moléculas endocanabinóides. Porém um estudo da Universidade do Arizona, publicado em abril de 2012, sustenta que os endocanabinóides são as fontes mais prováveis da sensação de euforia de corredores. O estudo também mostra que ambos, humanos e cães, possuem um aumento significante de endocanabinóides após uma longa corrida. O sistema endocanabinóide auxilia a regular uma ampla variedade de processos fisiológicos e fisiopatológicos, incluindo o desenvolvimento neural, função cardiovascular, inflamação, imunidade, apetite, digestão, estresse e o sono.

D. Endorfinas

As endorfinas são hormônios secretados no cérebro pela glândula pituitária e pelo hipotálamo, principalmente em situações de estresse físico ou psicológico, bem como no decorrer de atividades esportivas com duração superior a trinta minutos. Elas também desempenham papel fundamental no prazer experimentado durante o ato sexual e o orgasmo.

Que papel as endorfinas desempenham no mecanismo de trapaça do cérebro? Elas promovem uma sensação de bem-estar. As endorfinas agem no sistema nervoso central e estão envolvidas nos sistemas de recompensa e de prazer. Elas também possuem um efeito analgésico (redução da dor), ansiolítico (redução da ansiedade), reduzem o apetite, a frequência respiratória e o estresse. Enquanto em algumas pessoas elas causam sonolência e relaxamento, em outras levam à euforia ou prazer imediato. As endorfinas são a principal razão pela qual os exercícios físicos são frequentemente recomendados para auxiliar a combater o estresse. Uma rotina de exercícios pode auxiliá-lo a relaxar após um longo dia de trabalho. A previsibilidade das endorfinas é particularmente útil, pois sabemos exatamente como produzi-las: através de esforço prolongado durante vários minutos.

E. Dopamina

Esse neurotransmissor é talvez o mais conhecido pelo público em geral. Ele é uma molécula bioquímica que permite a comunicação dentro do sistema nervoso central e influencia diretamente o nosso comportamento.

A dopamina é inevitavelmente relacionada à recompensa e à busca pelo prazer. Todo tipo de comportamento que visa obter uma recompensa aumenta o nível de transmissão de dopamina no cérebro. Então, se você deseja obter uma boa dose de dopamina, defina um objetivo e conquiste-o.

No entanto, talvez por ser a molécula mais conhecida de todas, a dopamina também tende a ser incompreendida. Muitas drogas viciantes, como a cocaína e a metanfetamina, agem diretamente no cérebro simulando o efeito da dopamina. Esse efeito pode se tornar um problema real por causa de sua natureza viciante e está relacionada intimamente aos nossos maus hábitos e vícios de toda sorte.

A pior parte é que os efeitos da dopamina são efêmeros. Não é um tipo de felicidade duradoura que você pode desfrutar e provavelmente não é a meta da sua busca pela felicidade. A dopamina tem o efeito de uma onda de entusiasmo que se extingue tão depressa quanto foi produzida. Esse impulso, que proporciona fortes, prazerosas e excitantes sensações, desaparece muito rapidamente. Um sentimento de que algo está faltando, frustração ou um forte desejo de retornar à sensação então se instala. É interminável.

F. Ácido gama-aminobutírico (GABA)

O GABA é uma pequena molécula que é abundante no cérebro e age como um mensageiro químico, ou seja, um neurotransmissor entre dois neurônios. Ele é um neurotransmissor inibitório primário: quando é liberado em uma sinapse e se liga ao seu receptor pós-sináptico, eleva o potencial elétrico negativo do neurônio. Consequentemente, o neurônio se torna menos excitável. Os neurônios que liberam o GABA são geralmente interneurônios que controlam outros.

Portanto, o GABA age como regulador: é uma força atenuante que modula o entusiasmo e induz a uma sensação de bem-estar generalizada. Em outras palavras, ele não possui o efeito de impulso da dopamina, pelo contrário, age como uma força silenciosa no cérebro.

*****

Essas moléculas desempenham um papel fundamental na relação entre o cérebro e o sentimento de felicidade ou o desfrute do bem-estar. Para o cérebro, a felicidade é uma questão de bioquímica e mecanismos moleculares. Essa também é a base do nosso conceito de felicidade, porque normalmente caímos nas maliciosas armadilhas do cérebro. Ela parece tão verdadeira quando acontece. Sentimo-nos tão bem. Sim, não dura muito. O efeito do complexo bioquímico das moléculas diminui e nos acostumamos ao que era, até pouco tempo, uma fonte indiscutível de uma vida maravilhosa. Mas ela se torna cinza, entediante e não damos mais atenção a ela. Dessa forma, o cérebro nos engana mais uma vez ao nos fazer procurar por uma nova fonte, e assim estamos convencidos de que isso garantirá nossa felicidade. O cérebro apenas procura por essa nova fonte de prazer pela liberação da dopamina, endorfina, ocitocina... Isso é uma forma de vício. É também o tempero da vida. Não há julgamentos aqui; o foco é apenas observar e notar uma coisa: estamos reagindo automaticamente ao cérebro, por impulso, e desta forma, nos permitimos ser enganados, porque não nos damos tempo suficiente para refletir. Acreditamos que encontraremos a felicidade e alegria ao seguir caminhos que se tornarão decepcionantes e efêmeros.

Cada produto químico acima mencionado tem uma atribuição importante na forma como nosso corpo funciona física, mental e emocionalmente. Eu falei delas apenas superficialmente e incentivo você a aprender mais por si mesmo. Ao compreender o papel destes hormônios, você pode entender melhor como eles nos afetam nas situações do dia a dia. Quanto mais você os conhece, mais será capaz de controlar seus efeitos e aproveitar uma vida mais saudável e feliz, além de ser capaz de superar as armadilhas do cérebro e desenvolver fortes pilares para a felicidade na sua vida.

5. O ciclo de negatividade

Nós já abordamos sobre as insatisfações do dia a dia e acabamos de discorrer sobre como elas e seus opostos — sentimento de completude, satisfação e bem-estar — são baseados principalmente em mecanismos neurológicos.

Embora o cérebro seja projetado para ir em busca de sensações agradáveis, ele odeia experiências desagradáveis. O ser humano funciona de modo binário. Podemos filosofar eternamente sobre a complexidade do pensamento humano, mas o funcionamento do "agradável/desagradável" está no centro das nossas atitudes, hábitos e comportamentos. Toda a nossa vida é guiada pelo fato de que buscamos as sensações agradáveis e evitamos o que gera o desconforto e o desagrado.

Devemos observar que nossa mente tem a capacidade de reter experiências negativas e essas têm um peso maior que as experiências positivas. Quando nos permitimos ser absorvidos aos poucos ou até mesmo levados pelas experiências ou pensamentos negativos, caímos em uma emboscada da qual é difícil escapar quando não estamos conscientes. Essa é uma outra armadilha do cérebro: nos conduz por caminhos que buscam a felicidade instável e passageira que resultam em ruminações e esforços para satisfazê-la. O desejo por amor é um exemplo muito explícito: o cérebro nos faz pensar que se conseguirmos viver com tal pessoa, nossa vida será maravilhosa; quando as coisas não saem como o planejado, acabamos ruminando e presos em um ciclo de negatividade (ex.: autodepreciação, tristeza, ciúmes).

Você já deve ter identificado essa característica em alguém próximo a você, quer seja um amigo, um colega ou membro da família: a negatividade da pessoa é tal que, aconteça o que acontecer, tudo se transforma em pessimismo. Toda oportunidade é boa para resmungar. Não precisamos ir muito longe, podemos notar o quanto, em vários níveis, estamos presos em uma espiral de negatividade que gera ruminação, estresse, ansiedade e medos incessantes.

Podemos nos referir a esse ciclo de negatividade como um processo que se repete, nos deixando incapazes de agir, perturbados internamente ou em um estado mental negativo: com raiva, frustrados, vazios, desesperados ou decepcionados.

Os ciclos de negatividade inibem a clareza de pensamento e a atitude positiva. Eles tendem a nos paralisar e a interferir em nossa liberdade de movimento e atenção. Um dos atributos mais impressionantes dos ciclos de negatividade é que eles têm o poder de nos fazer acreditar que estamos sendo produtivos, que temos uma abordagem crítica e analítica sobre a situação de gatilho, mas o que realmente está acontecendo é um replay dos mesmos roteiros internos, repetidos incessantemente para nos fazer sentir melhor. Uma falsa impressão e um novo truque do cérebro! Essa espiral negativa apenas nos afasta mais do nosso eu criativo, aberto e positivamente energizado. É importante perceber que este ciclo acontece constantemente e nos impede de avançar, nos distrai do que é realmente importante em nossas vidas; nos afasta do que temos controle ou nos mantém em situações das quais deveríamos abrir mão para o nosso próprio bem. Também é útil compreender o que pode dar início ou sugerir um ciclo de negatividade. Cada momento que passamos nas garras do ciclo da negatividade é um momento de alegria, paz interior ou pensamento criativo que perdemos. Quando não estamos conscientes ou não temos entendimento suficiente do mecanismo de funcionamento, podemos entrar na espiral do ciclo ao ceder às armadilhas do cérebro.

Você será capaz de mudar a sua vida apesar das armadilhas do cérebro?

- 28 -

Vamos descobrir juntos!

PARTE 2

OS CINCO ELEMENTOS EFÊMEROS DO CÉREBRO

1- REPETIÇÃO

2- SOLUÇÕES FÁCEIS

3- TEMPO

4- POSSE

5- EXCESSO

Classificar e decidir o que é importante é o primeiro passo para desfazer as armadilhas do cérebro.

Para isso, sugiro que você diferencie os elementos efêmeros dos valores mais permanentes e sólidos, que são mais propícios ao crescimento pessoal e ao senso de realização.

O que queremos dizer com "elementos efêmeros"? Eles são componentes de felicidade que desaparecem quase tão rapidamente quanto aparecem. Muitas vezes, eles desencadeiam uma forte sensação de excitação e euforia, nos fazendo sentir "finalmente" felizes e completos, mas o declínio é igualmente rápido. Em outras palavras, os efeitos no cérebro são muito velozes, intensos, mas breves. Eles são, de certa forma, armadilhas, porque nos dão a impressão de alcançar a felicidade. Mas muito rapidamente, o cérebro acaba se acostumando e até se cansando dessa fonte de alegria que pensávamos ser imperecível. Ela se torna maçante e até insípida. Não possui mais qualquer valor ou interesse para o cérebro e para nós. Começamos, então, a buscar outra coisa. É realmente interminável.

Vamos, portanto, examinar os cinco elementos que nos enganam e nos conduzem à ilusão. Então, seremos capazes de começar a identificá-los em nossas vidas e classificá-los, assim como, trabalhar no reforço dos valores permanentes.

| 1 |

| REPETIÇÃO |

Entre os frágeis pilares de nossa felicidade, a repetição é certamente o que geralmente não esperamos. Por quê? Em primeiro lugar, porque a repetição é algo de que a nossa mente gosta. É reconfortante, familiar. Em segundo lugar, porque a parte primitiva do cérebro não precisa ser acionada a cada dez minutos.

O cérebro humano tem evoluído constantemente em mais de 250 milhões de anos, e durante este processo, adquiriu novas funções e desenvolveu habilidades complexas. O cérebro mais antigo é o cérebro primitivo. Também conhecido como "complexo reptiliano", é o ponto em comum que temos com outros mamíferos e répteis. É responsável, principalmente, pelas funções mais básicas e primitivas como nos proteger de potenciais ameaças, nos defender e nos permitir fugir para nossa própria sobrevivência. Isso inclui as reações instintivas como afastar nossa mão do fogo. A principal função desta parte do cérebro é, portanto, nos proteger de quaisquer ameaças que surjam e garantir a nossa sobrevivência. Embora essa seja, certamente, uma função essencial e extremamente importante, algumas vezes, se não soubermos como controlá-la, pode nos impedir de alcançar nossos objetivos e metas vitais em novas situações. Isso acontece, porque o cérebro interpreta novas situações como possíveis ameaças e prefere ficar em "segurança".

A repetição é uma conveniente estratégia para evitar que esta parte do cérebro seja ativada muito frequentemente. Permanecer em um ambiente familiar, repetitivo e rotineiro é algo ao qual ele se adapta melhor.

Aspectos positivos da rotina

A repetição e a sua equivalente no dia a dia, a rotina, têm um lado bom. Elas garantem alguma segurança, porque a rotina reconforta. É por isso que incluímos pequenos rituais em nossas vidas, pequenos hábitos que são próprios de cada um de nós. Esses hábitos também servem como pontos de referência: eles estruturam nossos dias, nossas semanas e, por fim, nossas vidas. A rotina é boa. Na verdade, a rotina é até mesmo um vetor de felicidade duradoura se for efetivamente realizada.

Em primeiro lugar, seguir uma rotina no dia a dia reduz nossa necessidade de tomar decisões. Permite-nos saber exatamente que tarefas precisamos fazer a cada dia sem perder tempo decidindo. Quando completamos uma tarefa, sabemos o que vem em seguida sem a necessidade de pensar muito sobre isso. As atividades se tornam padronizadas e nós nos tornamos mais eficientes.

Em segundo lugar, uma rotina diária fornece organização e sequência lógica em nossas vidas. Ela fornece a estrutura dentro da qual vivemos nossas vidas e conduzimos nossas atividades diárias. Logo, nos acostumamos e nos sentimos confortáveis com o que precisamos fazer a cada dia. Isso nos permite experimentar os dias organizados em um fluxo.

Além disso, quando fazemos as coisas repetidamente, elas se tornam um hábito e você ganha um ritmo, tornando a perseverança mais fácil. É por isso que ir à academia se torna mais fácil quando o cérebro incorporou a atividade como rotina. O ritmo é a chave para levar qualquer coisa a sério.

Finalmente, devemos ter em mente que somos nós quem decidimos o que queremos, por exemplo, seguir nossa rotina todos os dias da semana e não aos finais de semana ou ter uma rotina diferente na segunda, quarta e sexta-feira. Também é bastante aceitável reservar certos momentos para não fazer nada. Precisamos pensar sobre isso com cuidado e estarmos atentos às nossas escolhas. Ou seja, nossa rotina deve ser pensada e considerada para caminharmos em direção ao aprimoramento pessoal.

Repetição e felicidade: um delicado equilíbrio

Um estudo suíço em 2016 preparou um questionário baseado nos hábitos do estilo de vida da população entre vinte e vinte e cinco anos de idade. Por meio dessa série de questões, foi determinada uma média baseada na escala de importância dos hábitos e comportamentos rotineiros das pessoas do estudo.

Os dados foram correlacionados com os sentimentos de bem-estar e autorrealização. Os resultados foram os seguintes: enquanto 39% das pessoas com hábitos disciplinados se sentiam felizes, 56% destes sentiam que não eram completamente realizados; sentiam que algo estava faltando e que andavam em círculos, ou até que experimentavam momentos de tristeza ou depressão.

A ligação entre rotina/repetição e felicidade é, portanto, complexa. Como podemos explicar isso?

Como disse, comportamentos habituais podem ajudar a construir uma vida saudável e realizada. Mas, às vezes, não é assim. Precisamos distinguir rotina construtiva de comportamentos repetitivos inconscientes.

A diferença é pequena, mas essencial: quando as repetições são conscientes, intencionais, escolhidas, nos trazem satisfação. Quando são impulsivas ou até compulsivas, não nos trazem uma satisfação real.

Quando nos "lançamos" a um desejo, sentimos uma sensação de bem-estar. Moléculas como a dopamina ou endorfinas são liberadas. Portanto, quanto mais repetimos o mesmo processo com os mesmos desafios, menos sentimos essa sensação. Ela enfraquece, pois o cérebro se acostuma. Acontece uma habituação.

É conhecido na área médica que tomar medicamentos (como pílulas para dormir) pode criar uma habituação. Quando ingerimos substâncias, nosso cérebro e todo o estado psicológico se acostumam e nos tornam dependentes delas. Repetições inconscientes geram vários problemas.

Desânimo e saturação

Quando fazemos algo que nos dá uma sensação agradável, o cérebro é instigado a repeti-lo. Isso é geralmente uma coisa boa. Entretanto, devemos ter cuidado, pois a repetição inconscientemente abre portas para o desânimo. O que pensávamos ser uma fonte de felicidade e alegria se torna maçante e sem gosto, quase uma compulsão.

Por exemplo, se você adora viajar, viajar é ótimo, mas se viajar muito, se organizar uma viagem toda semana, ficará entediado e saturado. Finalmente, você não irá mais gostar.

O mesmo se aplica à comida, um claro exemplo: se você gosta de tiramisu e o come de vez em quando, terá um enorme prazer. Mas se tiver de comê-lo todo os dias ou mesmo várias vezes ao dia, isso se tornará uma tarefa árdua.

A repetição, portanto, age como um anestésico no cérebro, que precisa de novidade. A repetição inconsciente equivale a agir impulsivamente e permitir ao cérebro nos prender em uma de suas armadilhas favoritas: fazer-nos acreditar que tais ações trazem felicidade antes que nos afastemos delas por tédio. E nos fazemos esta pergunta: por que não estou feliz e satisfeito?

Vício

A pior parte é que a repetição inconsciente apenas nos leva a sentimentos de vazio e à perda de significado e sabor pela vida. Ela pode nos levar ao vício, um fenômeno agora bem conhecido. O conhecimento sobre o vício em drogas trouxe à tona os mecanismos de vício do cérebro. O cérebro sempre quer mais. A dose inicial não é mais suficiente e você precisa de mais para sentir algo.

O cérebro reage ao vício dependendo de vários fatores, como o tipo e a quantidade de drogas usadas, a frequência e o estágio do vício. Há uma pequena, mas poderosa liberação de dopamina quando nos submetemos a um prazer do qual estamos altamente dependentes. Essa sensação pode ser tão intensa que o cérebro desenvolve um forte desejo de repetir a experiência. Mas a repetição causa a habituação, que requer mais para sentir o mesmo nível de prazer. O cérebro anseia por qualquer coisa que gere prazer ou uma falsa sensação de realização para nós, como drogas ou outros produtos viciantes (ex.: açúcar ou café). Na verdade, com a repetição, o princípio da efemeridade entra em jogo. Quanto mais efêmera a experiência, mais intensamente ela precisa ser repetida para que pareça nos dar alegria.

Lembro-me de um paciente cujo cérebro estava inteiramente focado em esportes: ele havia descoberto uma paixão por atividades esportivas (corrida em trilha, CrossFit), mesmo que nunca tivesse praticado nenhum esporte no decorrer de trinta anos. Tinha trinta e seis anos à época, o processo de vício iniciou e então começou a se exercitar com muita intensidade. Estava levando seu corpo ao limite. Conversando com ele, percebi o verdadeiro problema: havia sido enganado por seu cérebro, que relacionava a atividade física e liberação de dopamina e endorfinas ao sentir-se bem e ao sentimento de "ter encontrado equilíbrio na vida", como ele mesmo disse. Havia se tornado viciado em atividade física e não podia mais viver sem ela. Estava tendo dificuldades em diminuir o ritmo. Podemos extrair deste exemplo que o poder de ilusão do cérebro cria a dependência de fontes que apenas se assemelham à felicidade. O restante de sua vida havia se tornado sem sentido, tudo era secundário: família, filhos, tocar violão, passeios... O tempo era dedicado apenas à sua nova paixão. Nessa situação, como alguém pode encontrar equilíbrio na vida?

Está claro que a busca por uma felicidade mais estável e consistente não pode ser realizada apenas através da repetição, do contrário a pessoa se torna compulsivamente reativa e cede, sem se dar conta, às problemáticas do vício.

- Quais são as consequências?

Quando a repetição se torna entediante, há consequências que devem levadas em consideração, pois se ignoradas, nos levam longe. O vício é outra armadilha do cérebro.

Em primeiro lugar, de um ponto de vista físico, o desânimo profundo resulta em fadiga, falta de ar, alterações de peso, mudanças na libido ou reações na pele. Obviamente, estes são casos de tédio patológico.

Em segundo lugar, de um ponto de vista psicológico, a repetição pode engatilhar uma perda de sentido: fazer as coisas automaticamente, embora não nos deem mais alegria, levantam, inevitavelmente, dúvidas sobre o significado do que fazemos. Se toda a nossa vida for baseada em uma única fonte, então as indagações são sérias. Podem levar a episódios de depressão ou mesmo a uma depressão mais severa.

A perda de sentido se refere ao fato de que essa fonte estabelecida de felicidade perdeu seu poder devido à repetição. A alegria que costumávamos ter se perdeu com o desânimo e a saturação. Toda uma espiral é colocada em movimento e uma das principais manifestações desta é a procrastinação: adiamos as coisas para amanhã, postergamos, porque elas não fazem mais sentido.

Com o mecanismo repetitivo do cérebro, temos a impressão de andar em círculos. Nossa zona de conforto se torna uma prisão quando estamos automatizados e reativos e não mais agindo de forma ponderada e consciente.

- O que deve ser feito?

Não é necessário quebrar as rotinas que definimos ou mudar atividades ou princípios a cada semana. Como eu disse, a rotina tem valor desde que seja consciente. É a compulsão do cérebro e a repetição que vêm com ela que podem ser danosas.

A primeira coisa a se fazer, portanto, é classificar as situações: entre as coisas que nos dão prazer e bem-estar, que nos fazem dizer que a vida é bonita, de quais temos plena consciência? Se houver alguma cujo potencial positivo você não tenha percebido antes, esteja ciente delas e anote-as em um caderno. Talvez algumas não tragam mais felicidade e realização como antes, sejam elas ações, atividades, situações ou objetos. Quem sabe seja hora de reconsiderar a relevância delas em sua vida.

A segunda dica é superar o cérebro e dar-lhe algo novo. Em outras palavras, de tempos em tempos, escolha o desafio em vez da segurança confortável. Isso significa ir além da sua zona de conforto, nem mais nem menos. Ao desafiar alguns hábitos automatizados e desenvolver uma nova mentalidade, oferecemos ao cérebro a oportunidade de escapar de sua inércia. Muito frequentemente, você perceberá que o cérebro gosta de novidades. Quer seja uma nova atividade, um objetivo pessoal (ex.: mudar a sua dieta), fazer um novo curso fora do seu campo de especialização, a novidade é revigorante e nos permite crescer. De qualquer forma, experimentamos mais e não ficamos presos apenas no que gostamos quando isso não nos traz mais satisfação.

Eu imagino as crianças que são estimuladas a provar uma variedade de frutas e vegetais. De início, elas estão desconfiadas e querem apenas aquelas que já conhecem, porém, com o tempo, se familiarizam com vários outros alimentos. Isso é gratificante.

Não tenhamos medo de tentar outras formas de atingir o nosso próprio bem-estar. Que possamos testar e tomar nossas próprias decisões sobre o que é realmente benéfico para nós.

Desta forma, podemos recuperar o controle da automatização do cérebro, que repete os fatores de felicidade já identificados até que estejamos tão acostumados que se tornem mecânicos e automáticos.

Não sejamos tentados a pensar que devemos permanecer da mesma forma. Podemos mudar, descobrir novos mecanismos da nossa consciência, evoluir — em resumo, nos tornarmos melhores. A felicidade é estar consciente disso, se libertar das repetições e se abrir para outros horizontes e alavancas de realização. É um bom desafio.

Você consegue fazê-lo?

| 2 |

| SOLUÇÕES FÁCEIS |

Escolher o caminho mais fácil é uma extensão da repetição. Quando repetimos algo, isso se torna mais eficaz.

Esse caminho é a solução mais simples estimulada pelo cérebro. De fato, somos programados para adotar a alternativa mais acessível em busca da satisfação. É por isso, que muitas vezes, agimos de forma egoísta para o nosso próprio prazer, sem nos importarmos com as consequências de nossas ações para os outros e depois nos arrependemos. Contudo, o cérebro foca no essencial e isso nos leva a ter reações básicas e instintivas. Encontrar soluções fáceis é uma das causas da habituação à felicidade: ao defender fontes fáceis e imediatas de alegria e prazer, o cérebro nos condiciona a atitudes rotineiras que resultam em desânimo. O que antes costumava nos afetar, mesmo que muito brevemente, agora não nos atinge mais e parecemos máquinas que obedecem a comandos que sempre buscam a saída mais fácil.

Ao estimular apenas soluções fáceis, o cérebro tende a alimentar a passividade e até a fraqueza. Então voltamos aos velhos hábitos, ao que é familiar e à rotina não construtiva. Se for muito fácil, o cérebro se entediará facilmente.

Experimentamos muito disso durante a crise sanitária da COVID-19. Confinados e restritos a um ambiente familiar e rotineiro, muitas pessoas "se deixaram levar" e não fizeram nada. Não usaram esse estranho período para fazer alguma mudança — em resumo, adotaram o menor esforço e a solução mais fácil. Aqui, estamos falando de fazer esforços, mas o cérebro trapaceiro não gosta muito de fazer esforço onde não há interesse. Seu interesse está na recompensa ou nos benefícios que terá ao realizar um esforço. Esse é o motivo pelo qual algo nos satisfaz profundamente no início, porém logo entra no ciclo da repetição, se torna facilmente acessível e assim perde seu valor. Infelizmente, o cérebro prefere uma fonte maçante de felicidade a uma novidade mais trabalhosa que nos obrigue a nos superarmos. Quanto mais fácil é ou se torna, mais deixamos que o tédio tome conta, pouco a pouco e de forma sorrateira. A partir de então, todo o efeito positivo ou fonte de alegria se esvaem.

O caso de pessoas mais velhas é um bom exemplo. Enquanto elas envelhecem, o ambiente onde vivem encolhe e acabam se limitando a alguns cômodos nos quais se sentem confortáveis. Existe uma associação entre sentir-se bem e o fácil acesso a um determinado cômodo, sua familiaridade. Ir a um lugar diferente, mudar de ambiente, se torna muito difícil para o cérebro, que prefere o conforto que lhe é familiar. O mesmo se aplica a alguns testes de aptidão para linguagem e doença de Alzheimer. As palavras vão se reduzindo à medida que a doença se espalha. O cérebro seleciona algumas palavras fáceis de expressar e usar, enquanto o paciente se limita a poucas expressões, que são muitas vezes, repetidas incessantemente. Neste caso, é uma doença, mas ela mostra a tendência do cérebro de optar pela maneira mais simples e curta de fazer algo. O cérebro não tem a disposição de fazer algum esforço a não ser que tenha algum interesse no que está fazendo.

Como isso afeta a busca pela felicidade estável ou realização pessoal duradoura? Ao procurar soluções fáceis, o cérebro nos impulsiona em direção a rotinas que não nos permitem evoluir. Ele foca em repetição e soluções fáceis, que podem levar a um sentimento de infelicidade, de andar em círculos, porque o desânimo toma conta. Uma fonte de alegria muito simples também é muito breve. A alegria desaparece tão rápido quanto surge. A partir de então, o cérebro procura uma nova fonte — se possível, tão simples quanto a última. Isso nos coloca de volta ao caminho da compulsão, que é de alegrias fáceis, curtas, imediatas e insatisfatórias a médio e longo prazos.

- Quais são as consequências?

Quando permitimos que o cérebro decida por soluções fáceis e confortáveis, agarrando-se a fontes imediatamente disponíveis, realmente não nos desenvolvemos.

O esforço tem suas virtudes. De um ponto de vista neurobiológico e químico, ele traz dopamina ao processo. Sem esforço, a dopamina não é ativada ou é apenas levemente ativada e a nossa sensação de bem-estar é breve. Quando nosso estilo de vida é baseado unicamente em soluções fáceis, acumulamos frustrações, decepções e inveja daqueles que tentam mudar seus hábitos e possuem mais fontes "merecidas" de felicidade.

O cérebro, naturalmente, tem a tendência de nos manter em um ambiente fácil, seguro e acessível, para que permaneçamos neste mesmo lugar. Lentamente, mas certamente, nossa autoestima e autoconfiança desaparecem sem nos darmos conta.

Mas o que é a autoconfiança? Pode ser definida como a confiança na habilidade de realizar algo. É um antídoto para a preguiça, a inação e a procrastinação. Se não temos confiança em nossa própria habilidade de fazer as coisas, certamente procrastinamos, porque temos receio do resultado e da falha. Escolher sempre a solução mais fácil traz mais ruminações para nossas vidas, e assim, geralmente permanecemos no mesmo lugar, porque o cérebro está contente em nos fazer acreditar que fontes imediatas de satisfação são suficientes e estáveis. Mas isso não é verdade.

Muitas vezes, ficamos desmotivados, porque estamos sobrecarregados com tantas solicitações prazerosas e estímulos em nossas vidas. Com o crescimento da Internet e, em geral das novas tecnologias, é fácil nos distrairmos o tempo todo. Estamos "online" a todo momento. Nós nos tornamos mais impulsivos com nossos telefones do que nunca. Embora existam muitos artigos científicos sobre os efeitos colaterais da distração excessiva, ninguém diz que ela também pode ser a razão da nossa preguiça e tendência a recompensas fáceis e imediatas. Os telefones nos dão o prazer sem o qual não podemos viver, prazer imediato. Claro, o prazer causa uma falsa sensação de felicidade: é uma cilada, assim, o cérebro encontra fontes de satisfação em qualquer lugar que consiga, sem esforço. Mas esses prazeres e alegrias impulsivas realmente nos fazem felizes? Não, porque não existe desafio, apenas soluções fáceis e preguiça. A ausência de desafios significa que não existe esforço ou problema, então não há recompensa e, por fim, não há dopamina. Isso acontece quando entramos na fase letárgica, ou seja, no momento crítico em que não sentimos mais prazer e fazemos as coisas de maneira automática.

Entretanto, antes de alcançar esta fase, o cérebro cria a ilusão de que estes prazeres e desejos instantâneos são suficientes. É a fase da euforia, que provoca a falsa impressão de estarmos cheios de alegria e energia.

Se recebemos respostas positivas imediatas de amigos e colegas ou experimentamos histórias de sucesso instantâneas, nós as publicamos nas redes sociais. Estas pequenas e fáceis satisfações diárias são oportunidades para liberar dopamina, o famoso neurotransmissor responsável pela recompensa e pelo prazer. Quanto mais exclusivas essas pequenas fontes de satisfação forem em nossas vidas, mais dopamina será liberada. Ao menos no início. Na verdade, o excesso de dopamina leva à gradual dessensibilização do trabalho produtivo do cérebro. Ela nos distrai das atitudes gratificantes. Finalmente, nos faz temer os desafios e nossa autoconfiança é progressivamente reduzida.

- O que deve ser feito?

Alguns sábios zen já falaram sobre a possibilidade de frustrar as armadilhas das soluções fáceis que o nosso cérebro produz. Para isso, devemos superar esse instinto de obter soluções fáceis e estarmos prontos para os desafios diários. Os desafios e as recompensas resultantes são de grande ajuda para consolidar nossa autoconfiança. Em poucas palavras, é importante dizer a si mesmo todos os dias: "Minha capacidade de mudar a mim mesmo e a minha vida é incomparável. Sei que depende de mim fazer as mudanças que desejo em minha vida."

Sair das engrenagens das soluções fáceis e superar a si mesmo primeiro exige que você avalie a si mesmo e seus objetivos pessoais. Se não possui objetivos, é hora de definir pelo menos um. Eles não precisam ser objetivos de vida: metas pequenas e simples são suficientes. Simples não significa fácil, pois você quer se abrir para novos horizontes. Pode ser aprender um novo idioma, perder ou ganhar um pouco de peso para moldar seu corpo. Você só precisa esclarecer as coisas para si mesmo.

Escreva seus objetivos em papel. Se você não acompanhar o que está tentando fazer todos os dias, todo o resto desmorona. Então, no início de cada mês, reserve um tempo para anotar os objetivos que deseja alcançar. Seja o mais específico possível, pois você precisa ser capaz de verificar se os alcançou. Por quê? Simplesmente, para ter o sentimento de realização e orgulho pessoal!

Claro que isso requer algum esforço, o "preço a pagar" para sair da automatização do cérebro, um planejamento do seu desafio. Isso significa que você deve se prover dos meios apropriados, como um limite de tempo e ferramentas adaptadas.

Por exemplo, se seu objetivo é mudar a sua dieta, mas come pizza e hambúrgueres todas as noites, isso obviamente será um problema. Na verdade, você caiu em uma armadilha do cérebro e está fornecendo fontes fáceis e imediatas de satisfação que são vazias, não construtivas e efêmeras. Como alternativa, revise sua dieta de acordo com suas restrições de vida e pratique um pouco de atividade física. Estas são coisas concretas para colocar em prática.

É assim que a nossa autoconfiança se desenvolve — atingindo nossos objetivos e nos recompensando. Que melhor recompensa poderia haver que a sensação de ter alcançado um objetivo? Satisfação pessoal é a base do bem-estar interior. Ela se refere não apenas à autoconfiança, mas também à realização pessoal. Para este último elemento, devemos nos planejar a longo prazo; ao contrário das satisfações muito fáceis e alcançadas em uma escala de tempo muito breve, devemos consolidar nossa felicidade e bem-estar ao longo da vida. Dessa maneira, a vida pode ter mais realizações e ser mais estável. Isso é o que eu chamo de felicidade. Não tema o fracasso: ouse! E mais uma vez, os desafios para tirar a mente da preguiça não se referem a coisas inviáveis ou totalmente malucas. O mecanismo de recompensa da dopamina não exige atos incomuns, mas coisas simples, como tomar a decisão de caminhar por trinta minutos todos os dias. O ponto de partida é sustentar esta decisão, manter o curso e estar consciente dos benefícios que cada passo em direção ao objetivo traz.

Você consegue fazê-lo?

Parte 2
Os cinco elementos efêmeros do cérebro
Soluções fáceis

Você consegue fazê-lo?

| 3 |

| TEMPO |

O valor do tempo é uma das armadilhas mais comuns do cérebro em nossas vidas. O cérebro funciona de tal forma que acredita poder encontrar a felicidade no passado ou no futuro, porque ele está tão acostumado a fontes efêmeras de satisfação que não consegue nos fazer perceber que já somos felizes.

Olhando mais atentamente, percebemos que estamos constantemente nos projetando no tempo. A nossa mente nos leva ao passado e ao futuro, mas raramente estamos conscientes do que existe no momento presente. Esse mecanismo nos desconecta parcialmente da realidade e da beleza do momento presente.

O que o cérebro procura através desse vai e volta contínuo? Ele "falsamente" encontra no tempo uma fonte de controle que lhe permita se reafirmar e depois se acalmar. Ou seja, as projeções no tempo da mente são um mecanismo através do qual imaginamos encontrar algo reconfortante. A felicidade e a alegria sempre estão em outro lugar, exceto no momento presente. "Antigamente, eu era feliz" ou "daqui a alguns anos, quando eu conseguir essa promoção no trabalho, serei finalmente feliz": essas são algumas das ideias que passam em nossas mentes. Elas são, na verdade, iscas.

Lembre-se do exemplo do jovem homem no Prefácio, o paciente que se achava um homem feliz em sua nova casa. As coisas não aconteceram como ele imaginou. Ele havia projetado sua felicidade no tempo, condicionando-a e vinculando-a à sua casa. No entanto, ele não estava mais feliz do que antes de comprá-la.

É por esse motivo que dizem que a felicidade é interna. A malícia do cérebro, nesse caso, é vincular a felicidade a condições exógenas e projetar-se em múltiplos momentos desconectados do presente.

Você precisa saber que o vínculo entre o cérebro e o tempo é baseado em funções bioquímicas e pesquisadores avançaram em direção à resposta desta complexa questão. Ao estudarem a atividade cerebral de pessoas durante tarefas com manipulação do tempo, cientistas descobriram que existem neurônios sensíveis à noção do tempo que são acionados em resposta a períodos específicos. Esses neurônios estão localizados no giro supramarginal, uma parte do córtex parietal direito, que também está ligado à percepção de espaço e movimento. Quando expostos a repetidos estímulos que duram o mesmo período de tempo, estes neurônios podem se desgastar. Simultaneamente, outros neurônios continuam funcionando normalmente, criando um desequilíbrio que resulta em distorção da percepção do tempo. Baseado nestes resultados, se alguém assistir ao mesmo vídeo de cinco segundos cinquenta vezes, poderá ter dificuldades de estimar a sua duração, por exemplo.

A mente realiza alguma filtragem ou distorção que sempre nos direciona a um tempo que não é o presente. Essas projeções nos fazem sonhar com alguma felicidade "futura" ou nos lembrar de uma "felicidade passada".

Quais são os gatilhos desse mecanismo do cérebro trapaceiro?

Medos

O medo e a ansiedade estão frequentemente escondidos atrás das projeções no tempo da mente. Projetar-se no futuro é reconfortante para o cérebro, assim, sente que pode ter algum controle sobre o que acontecerá, mas também é uma fonte de ansiedade. O passado, por outro lado, é uma forma de o cérebro se aprimorar, por exemplo, ao olhar para trás e ver o que foi feito de errado, mas também é uma forma de remoer o que passou.

Isso ocorre em várias escalas de tempo. Pode acontecer pela manhã, quando acordamos e pensamos no dia seguinte. Quando isso está relacionado a questões organizacionais, está tudo bem, mas quando a preocupação se torna a base dos pensamentos, então eles não são muito positivos. O medo de uma situação, por exemplo, não ser possível chegar a tempo ou não conseguir controlar a fadiga, sustenta o pensamento que nos faz acreditar que, assim que tudo acabar, seremos capazes de respirar, descomprimir e aproveitar a vida; em resumo, que seremos felizes e serenos. Exceto quando o mesmo processo se repete várias vezes. Geralmente, é apenas durante as férias de verão que podemos aproveitar o momento, completamente relaxados. Este é um pequeno período de tempo do ano. O restante do nosso tempo é apenas uma corrida, durante a qual o cérebro adia a alegria e a paz interior.

Com o tempo, o medo e a ansiedade englobam questões que trazem à tona nossas mais profundas fraquezas e temores, por exemplo, medo de envelhecer, morrer ou ser abandonado.

Nossa mente está em um estado latente de ansiedade e para evitar lidar com estas questões, como ela reage? Busca distrações para não encarar seus medos mais profundos. As distrações aparentam ser uma fonte de felicidade e alegria, mas, no final, são apenas um paliativo ilusório.

A mente também nos projeta no passado. Isso acontece quando experimentamos a nostalgia. Esta armadilha consiste em idealizar o passado: um tempo feliz ou uma era de ouro que gostaríamos de experimentar novamente. Tal idealização nos força a procurar a felicidade em um momento que não existe mais. Isso causa dor e, acima de tudo, nos impede de experimentar a felicidade aqui e agora.

- Consequências

Ceder a esta armadilha do cérebro tem várias consequências.

Acima de tudo, o estresse se torna um convidado indesejado na vida, inevitavelmente. As preocupações sobre o passado ou futuro geram estresse e, às vezes, até ansiedade. Permanecer nessa situação pode, com o tempo, se converter um problema real de estresse crônico. Finalmente, os problemas se tornam físicos, contribuindo para uma fraqueza geral e perda de energia.

O estresse é um dos vilões do nosso tempo, porque estamos sujeitos a um ritmo de vida frenético. Nossa mente está constantemente ocupada, o que dá margem às suas projeções no tempo. Junto com elas, vem o sentimento sufocante de estar sendo constantemente maltratado, extremamente reativo ou estar "pegando fogo" a maior parte do tempo.

A segunda maior consequência diz respeito às distrações nas quais o cérebro fica preso. De fato, para nós, é difícil permanecermos inativos, passivos em vez de saborearmos o momento presente. Não fazer nada é horrível para a mente.

Eu sugiro que você faça um breve teste de quinze minutos, um simples e pequeno exercício: apenas fique onde está, sem fazer qualquer coisa, apenas respire com seus olhos fechados. Não pense, diga, faça ou queira qualquer coisa. Apenas fique no momento presente. Em meu livro "Respiração nasal na meditação e yoga", eu falo sobre os mecanismos da respiração nasal e da atenção plena para apreciar o momento presente. Para mim, isso foi uma descoberta. O momento presente é realmente tudo o que temos.

Não pense, diga, faça ou queira qualquer coisa. Apenas fique no momento presente. Essa é a chave para dominar o cérebro trapaceiro.

Assim que finalizar o exercício, perceba que o que parece simples, como não fazer nada, se torna extremamente difícil para a mente realizar. Incrível, não é? Também observe as projeções mentais durante o exercício, que pode repetir à vontade: pensamentos sobre o passado recente e remoto ou sobre o futuro próximo e distante o mantém longe do momento presente, que é calmo, pacífico e sem pressões. É um tempo de paz e serenidade.

O exercício é ainda mais difícil, porque nossa sociedade plantou a distração ou o entretenimento no centro das nossas vidas. Com videogames, mídias sociais e smartphones aumentaram as oportunidades e pretextos para o cérebro se desconectar do momento presente. A etimologia da palavra "distração" é interessante; vem da palavra em latim "*distractio*", que significa "desunião, desacordo, discórdia, estranhamento". Ao mergulhar em distrações fúteis, fontes estéreis de entretenimento, nossa mente nos leva para longe do momento presente. Tente viver um dia, uma hora, um minuto por vez no momento presente.

A terceira consequência da armadilha de ceder às projeções no tempo é que elas estimulam os pensamentos negativos e as ruminações. Por esse motivo nos tornamos apegados a esses pensamentos sobre o passado idealizado ou sobre o futuro incerto. Se experimentamos "pequenas tristezas" de tempos em tempos, não há nada de vergonhoso nisso e é até mesmo natural; mas quando a depressão se instala, pegamos um caminho que leva à tristeza profunda. Ou seja, ao acreditarmos que encontraremos felicidade e conforto em memórias ou na esperança de um futuro, corremos o risco de pensar demasiadamente e ficarmos presos. Lembre-se do famoso ciclo da negatividade. Ficamos presos nele quando nos permitimos ser enganados pelas armadilhas do tempo em nossa mente.

- O que deve ser feito?

Devemos começar a perceber esta não tão sutil armadilha do tempo do cérebro. É desestabilizador a princípio, por que notamos que ela nos leva a todo lugar, menos ao aqui e agora.

Precisamos, portanto, trabalhar em nosso momento presente. Esse é um dos objetivos da meditação. Então, convido-o a praticá-la. O que importa é ser consistente: começar com três ou quatro sessões por semana, dez minutos cada. Não mais que isso. Foque na respiração, no ar que entra quando você inspira e que sai mais morno quando expira. Apenas nisso.

Dessa forma, você ancora sua mente no momento presente e para, por um tempo, sua divagação e busca por distrações. Não há nada o que buscar, nada o que desejar. Esse é um exercício de desapego das funções habituais do cérebro. Também não há julgamento: se o cérebro retomar seus truques durante sua sessão, observe de maneira neutra e desprendida e assim, volte a focar em sua respiração.

Pense nesse pequeno exercício — tão poderoso e tão inofensivo — como um momento fora do tempo. Literalmente, você está fora do tempo, reconectado com o presente. Esse momento é simples, revigorante e tranquilo. É um exercício seguro e agradável para aqueles que desejam serenidade e felicidade.

Você consegue fazê-lo?

| 4 |

| POSSE |

Se existe uma armadilha que o cérebro usa e abusa, mesmo quando a maioria de nós está totalmente consciente de sua existência, é a posse. O fato de possuir coisas oferece um sentimento muito ilusório de segurança.

Este tema é particularmente importante, porque se desenrola em dois níveis complexamente entrelaçados, desdobrando-se um dentro do outro. O primeiro nível é o individual: o cérebro nos leva a comprar de forma a nos sentirmos felizes quando possuímos tudo o que, aos nossos olhos, garante uma sensação de completude. Não precisa ser uma experiência extraordinária: comprar um vestido que gostamos ou o console de videogame mais moderno nos dá a sensação de uma satisfação real. Se, além disso, nos beneficiamos de uma promoção de vendas, esse sentimento é multiplicado por dez. Sentimos animação e bem-estar. Inconscientemente, temos a impressão de finalmente conseguir apreciar o entusiasmo e a felicidade.

O segundo nível é o coletivo e até cultural. É toda uma maneira de funcionar das sociedades humanas que é baseada no sentimento de completude através da compra. Essa é a base de uma sociedade consumista: comprar, sempre comprar. Então, acreditamos que nossa felicidade deriva do objeto ou do serviço adquirido. Isso é ilusório, como veremos.

Sabemos que o complicado sistema de uma sociedade consumista é decepcionante, mas o cérebro reage aos seus estímulos. A importância dos modelos que a publicidade apresenta, o estilo de vida que devemos ter para sermos vistos, para estar "no jogo", tudo isso entusiasma o cérebro e o estimula a comprar impulsivamente.

Acima de tudo, tanto o ato de comprar quanto os objetos acumulados tornam-se fontes habituais de prazer. Nos acostumamos.

– Por que compramos?

Essa é realmente uma pergunta estranha. Você alguma vez já pensou nisso? Para a maioria das pessoas, o ato de comprar tornou-se tanto uma obsessão quanto um fim em si mesmo. Porém, comprar nem sempre foi a força motriz das sociedades humanas ou, de alguma forma, um fim sobre o qual se constrói todo um sistema econômico.

Portanto, quando nos fazemos essa pergunta, não é tão fácil respondê-la de um ponto de vista argumentativo. Podemos muito bem dizer: "para satisfazer nossas necessidades".

De fato, parte das compras é para a satisfação de nossas necessidades primárias. Fazer compras é a versão moderna da caça e coleta dos tempos pré-históricos. O ato de comprar refere-se à necessidade de comer, beber, viver e sobreviver — nem mais, nem menos. Entretanto, sabemos que fazer compras hoje em dia vai além destas questões básicas.

Acima disso, há o desejo de possuir, que a publicidade e outros métodos modernos de comunicação desencadeiam.

Vamos olhar mais de perto as razões profundas que tornam o cérebro propenso a comprar e possuir. Como será que ele nos torna tão apegados ao que — além de satisfazer nossas necessidades primárias — é incerto, fútil e uma perda do nosso tempo e dinheiro?

O desejo de possuir coisas se tornou um objetivo de vida para muitas pessoas. Dizemos a nós mesmos, por exemplo: "Quanto eu tiver este carro, serei feliz". O cérebro trapaceiro faz projeções que se revelam ilusórias. Realmente, quando tivermos o carro, experimentaremos uma sensação de êxtase e entusiasmo por algumas poucas semanas, então o cérebro trapaceiro irá assumir: iremos nos interessar por outros carros mais caros, com mais opções... O mesmo acontece com aquisições de maior valor e dizemos: "Quando eu comprar meu apartamento, serei feliz", então imaginamos uma casa, então uma casa com jardim, uma casa com um jardim maior, com piscina e assim por diante. Isso não significa que não devemos ter ambição na vida, mas que devemos estar conscientes deste mecanismo para não cairmos nas armadilhas do cérebro trapaceiro.

Existem muitas razões ocultas para a compulsão por compras impulsionada pelo cérebro. Identificá-las é essencial, tendo em mente que o cérebro nos faz acreditar que a posse é a fonte da felicidade.

Segurança

Eu já mencionei este motivo e quando pensamos sobre o assunto, é o mais óbvio. O objetivo do cérebro é a proteção. Na verdade, possuir coisas como contas de banco ou ter tudo à mão nos dá a sensação de segurança. Existe alguma lógica nisso? Na verdade, não... A posse está gravada em nossa memória coletiva, pois em tempos antigos, nem sempre havia alimento suficiente, por exemplo. A sobrevivência era garantida pela posse de bens, que começou com um pedaço de terra da qual as pessoas conseguiam o suficiente para suprir suas necessidades.

Esse "medo da escassez" é bem conhecido pelos historiadores. Ao acumular coisas, acreditamos falsamente que estamos seguros. Claro, ter comida e abrigo são fontes básicas de segurança, mas o que dizer do celular mais moderno, o enésimo par de calças que serão usadas apenas duas ou três vezes, a tela plana com imagens mais brilhantes que a anterior? Há alguma questão de sobrevivência?

Não, claro que não. Entretanto, o cérebro nos dá a inconsciente sutil impressão de um sentimento de segurança, de sentir-se melhor devido à posse material. Não há um fim. Acredito que quando já possuímos tudo e queremos mais, isso apenas reflete nossas inseguranças internas enraizadas. Uma pessoa estável e serena internamente não encontra respostas na acumulação sem fim.

No entanto, em qualquer nível financeiro, todos temos um impulso de compra. É isso que as marcas perceberam. Já notou, quando vai às compras, os vários pequenos produtos colocados nas laterais das esteiras na fila do caixa: gomas de mascar, isqueiros, barras de cereal, doces? Estão naquele local devido ao que a linguagem do marketing chama de "compras por impulso". Especialistas em comportamentos do consumidor observaram que ao finalizar suas compras, os consumidores, muitas vezes, são tentados a fazer uma compra por impulso que eles não conseguem controlar. Então pegam um pacote de goma e o colocam no carrinho no último momento, mesmo que não precisem e nem tenham pensado sobre isso. Estão sendo guiados pelo cérebro. Muito sutilmente, ele nos conecta com um sentimento bom de escassez — uma escassez inconsciente — então pegamos o produto no último minuto "apenas por precaução", mesmo que não pensemos dessa forma. O desejo espontâneo e irracional é parte do mecanismo do medo da escassez. Então compramos.

Mas quem poderia acreditar que um pacote de goma de mascar ou qualquer outra coisa poderia preencher inseguranças e proporcionar uma satisfação equivalente? Ninguém em sã consciência poderia, mas o cérebro nos direciona a um comportamento onde a razão é substituída por um gesto instintivo.

Liberdade

Comprar o que se quer nos dá uma estranha sensação de leveza e liberdade. Associar o ato de comprar à posse e à liberdade parece incongruente, mas a relação entre esses elementos não é novidade.

As compras, no início, introduziram a liberdade de expressão e a liberdade de escolha no mundo convencional. No século XIX, os chamados liberais defenderam a liberdade, incluindo a liberdade econômica e de comércio. De certa forma, foram os pioneiros da nossa sociedade de consumo.

Foi nesse momento, pela primeira vez na história, que itens antes destinados às altas classes rapidamente se tornaram acessíveis a todos. O princípio de que a posse é um sinal de emancipação se enraizou em nossas mentes.

É inegável que ser capaz de comprar o que queremos, onde e quando queremos, nos proporciona uma sensação de poder que entendemos como liberdade. Nos sentimos mais poderosos de que verdadeiramente livres. Na realidade, o verdadeiro poder está na habilidade de pensar criticamente, avaliar conscientemente e tirar conclusões sem prejuízo.

Estamos realmente livres quando nos vinculamos a objetos? Eles podem ser roubados, quebrados ou desaparecer. No filme *O Lobo de Wall Street*, de Martin Scorsese, essa é a trajetória do personagem vivido por Leonardo DiCaprio. Um multimilionário, que devido à sua intensa obsessão pelo dinheiro, faz sua vida inteira girar em torno dele: em como conseguir mais e em como mantê-lo. O personagem tornou-se um escravo de seus bens. Apenas no final do filme, quando ele é preso, sem nada, que sente alguma leveza enquanto joga tênis no pátio da prisão. Pela primeira vez, sente a liberdade: sua mente está livre do incômodo de possuir.

Os objetos nos prendem. Os eremitas e outros monges fazem um voto de nada possuir por uma boa razão. Lembro-me de uma entrevista com um popular monge budista, Matthieu Ricard, que mostrou sua "casa": um pequeno cômodo no monastério do Tibete, uma cama estreita, uma câmera fotográfica e uma pequena bolsa com algumas roupas. Entretanto, ele sentia que isso ainda era muito. Ele expressava a ideia de não estar apegado a objetos; estava verdadeiramente livre.

Entretanto, o cérebro nos faz pensar o contrário. Quanto mais possuímos e acumulamos, mais livres parecemos ser. Na realidade, confundimos liberdade com apego. O sentimento de se sentir capaz de comprar contribui para esta ilusão. No final, estamos apenas apegados a motivações materiais.

Isso não significa que devemos nos trancar em um cubículo com apenas um cobertor como único bem material. Coisas materiais são úteis e o materialismo tem seu lado bom; o conforto não deveria ser banido de nossas vidas. Você apenas precisa ter a perspectiva correta e colocá-la em seu devido lugar, não a tratar como uma fonte de felicidade e alegria duradouras.

Fazer compras nos fornecem um breve momento de satisfação, mas esse ato nos vincula a objetos dos quais nos tornamos inconscientemente dependentes e com os quais gastamos um dinheiro "vazio". Nos sentimos obrigados a usá-los, cuidá-los, mantê-los e consertá-los. Quanto mais possuímos, mais bagunçamos nossa vida fazendo coisas não essenciais.

A acumulação para se sentir forte

Os bens que possuímos em nossa sociedade consumista ultraconectada é uma questão de status que brinca com nossa autoconfiança. Colocando de modo mais simples, é uma questão de comparação.

Passamos nossas vidas nos comparando aos outros, começando pelo que possuem. De maneira mais geral, tentamos comparar nossa felicidade e a colocamos em uma "balança da felicidade" em relação a dos outros.

Em nossa sociedade extremamente materialista, a posse é um sinal externo não apenas de prosperidade, mas também de felicidade. É nisso que nosso cérebro quer que acreditemos: nossa felicidade depende da acumulação de objetos; quanto mais possuímos, mais felizes estaremos em comparação com os outros. É por isso que invejamos multimilionários que vivem em iates ou em casas luxuosas. Imaginamos que, por terem tanto, sejam mais felizes que nós, mas não é bem assim. De jeito nenhum. Quanto mais peças o cérebro trapaceiro prega em nós, sempre buscando ter mais, mais tempo passaremos gerenciando, mantendo e monitorando. Isso nos deixará com menos tempo para cuidar do nosso estado de espírito, do nosso interior.

Para ver o mundo mais colorido do que realmente é, basta dar uma olhada no gramado do vizinho. A grama do vizinho não é sempre mais verde? Dessa forma temos a tendência de achar que a existência e os bens dos outros são melhores e que suas vidas são mais interessantes que as nossas.

No entanto, tudo converge para que o cérebro jogue este jogo, que consiste em relacionar bens com poder e felicidade através de uma permanente e frequente comparação inconsciente com os outros. É um jogo sutil de poder e reconhecimento social. Através da posse de bens, sentimos que temos mais valor.

O exemplo do carro é evidente: mais do que qualquer outro objeto, o carro é um reflexo de um certo status social e, em última análise, da posição de alguém na "balança de comparações". Ter o carro maior, mais elegante e mais caro têm menos a ver com uma necessidade e mais com a satisfação social do ego. Mas isso nos faz pessoas felizes? Claro que não, porque o cérebro acaba se acostumando. Mesmo que nosso ego sempre se sinta reforçado quando andamos em nosso carro lindo e caro, o prazer permanece superficial.

Os publicitários, que nos iludem para consumirmos o tempo todo, incluindo coisas que realmente não precisamos, sabem como despertar os desejos e as armadilhas do cérebro. Eles apresentam os modelos de sociedade a serem alcançados. Ao comprar e possuir tal coisa, você será uma pessoa mais feliz e realizada. Os publicitários brincam com as armadilhas do cérebro e, na maioria das vezes inconscientemente, somos logrados no jogo do consumo excessivo.

Devemos notar que a publicidade não mira na razão do consumidor; mira no inconsciente, com a exposição repetida de imagens. Lembro-me de um slogan surpreendente de uma marca famosa de refrigerantes, não muito tempo atrás: "Abra uma C***-C***, abra a felicidade".

A mensagem nem sempre é tão explícita. Em 2021, a publicidade de uma grande marca de supermercados apresentou o dia a dia de um casal e seus três filhos. A imagem perfeita da felicidade da vida em família foi encenada com efeitos de iluminação suave e um certo realismo. De certa forma, os anúncios parecem inofensivos, mas eles funcionam no cérebro, que associa a ideia de felicidade perfeita com as imagens mostradas e consequentemente, com a compra e a posse.

A acumulação se tornou uma condição para a felicidade e para nos sentirmos socialmente "à altura", reconhecidos pelos objetos que possuímos.

Estudos mostram que pessoas ricas possuem um nível de autoconfiança muito acima da média. Ter muito dinheiro permite que você se coloque em uma posição de superioridade ou, em todo caso, acredite nessa armadilha do cérebro. Isso pode ser um motivo para o comportamento excêntrico e arrogante de pessoas muitíssimo ricas.

No entanto, ao pensarmos sobre isso, consideraremos esse motivo bastante ridículo: deveríamos nos sentir superiores por possuirmos um carro de luxo, isto é, um objeto com motor e rodas? Não — um carro de luxo é apenas um objeto móvel no qual os engenheiros passaram mais tempo projetando.

- Quais são as consequências?

A equiparação entre poder comprar ou consumir "onde eu quiser e quando eu quiser" e ser livre é um equívoco. Quantas vezes compramos algo que, após um mês, nos parece trivial? Aqui vemos os mecanismos da dopamina: a recompensa rápida e habituação ao prazer. Podemos de fato sentir satisfação quando compramos algo, mas os efeitos da dopamina desaparecem rapidamente; eles diminuem e imediatamente buscamos novamente um efeito emocionante e satisfatório para o cérebro que nos faça acreditar que somos felizes. Comprar e possuir não nos fazem felizes; eles proporcionam sua quota de dopamina e prazer, mas é um prazer efêmero e superficial. Essa não é a fonte da profunda felicidade.

Acreditar que ao consumir e possuir seremos felizes é mesmo uma ilusão. Após um curto período de tempo, experimentamos o tédio novamente e recomeçamos o ciclo. Em outras palavras, caímos literalmente nas armadilhas do cérebro.

Por outro lado, a comparação e a autoconfiança estão intimamente ligadas. Em um nível mais interno, a obsessão com a posse nos leva ao caminho da comparação para descobrirmos "quem tem mais". Nem sempre estamos conscientes disso, mas estamos constantemente nos comparando. Precisamos apenas caminhar pelas ruas para nos darmos conta de que nossa mente é uma "máquina de comparação". Esse fenômeno é apenas agravado pela posse, que nos coloca em uma escala de valores.

Essa armadilha tem um lado perigoso; é um jogo com dimensões sombrias. Nossa autoestima e autoconfiança estão frequentemente expostas, por bem ou por mal. Existem vários pequenos espinhos que vêm espetar nossa confiança quando sentimos que a comparação é contra nós. Em outras palavras, evitamos as oportunidades de nossas falhas pessoais se manifestarem — comprar sem motivos é apenas a tradução deste joguinho de comparação do cérebro, expõe a descoberta de que não temos o suficiente em comparação com esta ou aquela pessoa e que por isso temos menos valor. Isso não é mais somente um jogo, mas uma sutil espiral onde nos comparamos em relação ao outro e que repetidamente nos leva à desvalorização pessoal.

Na realidade, a nossa era é materialista. Nunca antes da história da humanidade as pessoas experimentaram tanto conforto e acumularam tantas coisas que não precisam. Os bens desnecessários nos aprisionam. Quando pensamos quais dos nossos bens são essenciais, percebemos que 70% deles não possuem uma real utilidade. Vivemos em um mundo de objetos falsos que o cérebro nos leva a acreditar que são importantes, e lá no fundo, sabemos; no entanto, deixamos nossas mentes nos enganarem e permitimos que estes objetos definam a nossa felicidade, mesmo que sua presença seja duvidosa. Bens desnecessários e o desperdício se tornaram a regra; as compras são estimuladas pela publicidade, porque nossa sociedade consumista precisa continuar funcionando.

Acima de tudo, os objetos nos prendem. Não ajudam a nos libertar; pelo contrário, nos escravizam. Como? Em primeiro lugar, estamos sempre preocupados em mantê-los; quando estamos particularmente apegados a um objeto, sua perda ou destruição nos aborrece. Em segundo lugar, porque estamos sempre procurando por algo a mais. Por exemplo, conseguimos o console mais recente, mas logo nos entediamos e após um ano um novo está prestes a lançar: o cérebro fica a todo vapor, convencido de que o novo console irá preencher nosso vazio e tornar a vida mais excitante. Mas é inútil: a habituação do cérebro retornará. É um ciclo. Os objetos desnecessários sustentam ações compulsivas e inconscientes. É como se estivéssemos hipnotizados por objeto supérfluos.

- O que deve ser feito?

Sair da compulsão por comprar e possuir não é fácil em um mundo no qual consumir ainda é um estilo de vida.

A primeira coisa a se fazer é nos tornarmos conscientes das atitudes materialistas que nossa mente tem a despeito de nós mesmos. Somos condicionados por publicidade, marketing, pressão social, convenções e nossos afetos. A liberdade, o valor supremo, significa estar ciente do que nos move e fazer escolhas lúcidas.

Convidar o minimalismo às nossas vidas não vai doer. O sucesso dos livros de Marie Kondo mostra o quão sensíveis muitas pessoas estão ao fato de que estão acumulando demais: objetos desnecessários, roupas demais, aparelhos... Marie Kondo promove o minimalismo por meio de práticas de armazenamento.

Experimentar o minimalismo nos permite dar um passo para trás nas compras por impulso. Quando estamos prestes a nos apaixonar por um objeto, perguntemo-nos: Realmente preciso disso? É uma compra ponderada, pensada ou um impulso? Se a resposta for "é uma compra por impulso", isso não é um problema; pelo menos reconhecemos, estamos conscientes dela. Na realidade, o que era uma reação incontrolada se torna uma decisão consciente. Mesmo não precisando do objeto, se a compra vem por puro prazer, puro desejo espontâneo, então a escolhemos. Tal escolha é liberdade.

Você pode, por exemplo, esperar três dias antes de comprar. Tome a decisão de não ceder ao impulso e espere esses três dias. Você verá que o cérebro perceberá por si mesmo se essa compra é realmente necessária.

Você também pode progressivamente trocar compras materiais por atividades, por exemplo, viagens, massagem ou exercícios. Podem ser mais úteis e recompensadoras em termos do tempo que levam e dos benefícios internos do que os objetos. Elas nos fazem crescer, nos desenvolver e possuem um efeito mais duradouro em nosso interior.

A segunda recomendação requer um trabalho mais profundo em si. Como eu disse, a necessidade de acumular é devido às questões de segurança interna e de autovalor. Consequentemente, questões de introspecção precisam ser abordadas. Por que você precisa comprar? Qual necessidade a compra atende?

Você precisa começar a olhar para as suas falhas pessoais, pequenas ou grandes, de maneira gentil, mas objetiva. O apoio terapêutico de um psicólogo é obviamente recomendado. Contudo, você também pode se avaliar em um momento de meditação introspectiva. Leve com você, por exemplo, uma caderneta e quando sentir um impulso irresistível de comprar algo desnecessário, reflita sobre as questões acima e responda-as francamente. Seja honesto consigo. Não há necessidade de enganar ninguém aqui. O cérebro já faz isso muito bem sozinho. Avaliar suas falhas e inseguranças internas é com certeza uma atividade saudável, uma garantia do desenvolvimento de uma maior autoconfiança.

Por último, é importante classificar os elementos. Em termos efetivos, isso significa rever o que é útil ou desnecessário em nossas vidas, principalmente quando somos tentados a comprar novamente. Isso se resume em focar mais uma vez em nossas necessidades essenciais e não nos deixarmos distrair por trivialidades que se tornam fardos em nossas vidas. O mesmo se aplica à nossa vida social. As atividades sociais desnecessárias aumentaram consideravelmente com as novas tecnologias: mídias sociais, a Internet e videogames têm criado uma parede de isolação e ocupações sociais que devoram nosso tempo. Não percamos tempo com tudo isso; sejamos moderados no uso destas tecnologias. A vida em frente às telas é apenas uma ilusão. Classificar os elementos de maneira mais geral, significa sair dos padrões de publicidade e perceber o quanto eles nos influenciam. Isso não quer dizer que você deva jogar tudo para o ar ou incendiar seus bens e morar sem nada em uma caverna. Esse não é o ponto; pelo contrário, você deve se empenhar em atos de consumo moderados, razoáveis e reflexivos. Em suma, você deve se tornar um consumidor esclarecido e não manipulado novamente.

Você consegue fazê-lo?

| 5 |

| EXCESSO |

Aqui também, a moderação é necessária. O cérebro, como eu tinha dito, nos estimula a buscar mais e mais. Nos impele ao excesso. Por que ele faz isso? Porque é viciado em sensações prazerosas que entende como felicidade.

Uma vez que o cérebro está preso em um ciclo de habituação à felicidade, ele sempre precisa de mais para sentir algo novamente. Ele se apega a objetos superficiais, cuja atração desaparece em pouco tempo; fica entediado. Então embarca em um tipo de corrida frenética ao excesso para sentir sensações prazerosas mais uma vez.

A quantidade é uma isca. Entretanto, geralmente perdemos a nossa percepção e às vezes o vício vem à tona. Não o percebemos, pois na maioria das vezes o cérebro controla os excessos.

A explicação é a liberação das moléculas mencionadas anteriormente. A habituação força a mente a querer fazer mais vezes e em maior quantidade. Caso contrário, parece que ela está desligando, que a felicidade está muito distante, e como consequência podemos ter pensamentos ruminantes.

- Quais são as consequências?

O excesso contribui para a redução do nível de satisfação que sentimos. Mas outras consequências também podem ser mencionadas.

Sobretudo, como disse, somos como ratos em uma gaiola, girando em sua roda. É um ciclo infinito e vazio no sentido de que isso não leva a nada estável ou sólido. Em outras palavras, o excesso contribui e reforça a nossa escravidão em relação ao funcionamento do cérebro.

O mais importante disso é que investimos energia e tempo considerados nesta corrida infinita. Dessa maneira, a exaustão é o resultado de pensamentos ruminantes e repetitivos.

Por fim, o excesso é um notório caminho para o vício e comportamentos obsessivos. Dentre as fontes de prazer que o cérebro particularmente adora, a comida é a que mais afeta as pessoas. A dieta das sociedades modernas reflete nossos hábitos de consumo. Portanto, não é surpresa que tantos excessos ocorram neste campo.

Quando a maioria das pessoas pensa em vício, pensa em drogas. Mas o vício pode existir em quaisquer formas: videogames, alcoolismo, apostas, compras compulsivas — o que você imaginar. A dopamina pode se tornar uma substância viciante. Simplificando, o vício significa que o cérebro se torna dependente de uma fonte exógena de bem-estar. Muito frequentemente, pessoas que estão viciadas sabem que o que estão fazendo é perigoso e destrutivo, mas devido à forte necessidade de satisfazer o cérebro, literalmente não conseguem evitar.

Tais hábitos viciantes são partes do nosso dia a dia. Por exemplo, o excesso de açúcar em alimentos prejudica as nossas habilidades cognitivas e o autocontrole. Para muitas pessoas, ingerir um pouco de açúcar estimula o desejo por mais açúcar e estudos recentes demonstram que o açúcar possui efeitos semelhantes às drogas no centro de recompensa do cérebro. Alimentos doces, assim como salgados e gordurosos, podem produzir efeitos viciantes no cérebro humano, que levam à perda do autocontrole. Foi mostrado que em humanos, alimentos de alto índice glicêmico ativam regiões do cérebro associados com a resposta de recompensa e causam uma sensação mais intensa de fome que alimentos de baixo índice glicêmico. Alimentos que elevam os níveis de açúcar no sangue são os mais viciantes no cérebro.

No entanto, o cérebro nos faz pensar que o açúcar, por meio de um bolo ou um sorvete, é bom para nós, porque o doce instantâneo nos oferece satisfação muito rapidamente. Ao cair totalmente nesta armadilha, nossa saúde física se deteriora e nossa autoconfiança se desgasta, porque no fundo, sabemos que o conforto encontrado no açúcar é irrelevante. O açúcar é uma substância que estressa os mecanismos do cérebro a tal nível que seu funcionamento não é tão difícil de compreender quando estamos conscientes dele e o observamos.

Entretanto, os excessos também agem em outras áreas, porém dentro do mesmo contexto de funcionamento do cérebro. O caso dos videogames é um bom exemplo que preocupa muitas pessoas. Também encontramos o mesmo padrão em ganhadores de loteria. Algumas pessoas recebem uma quantia considerável de dinheiro de um dia para o outro, como consequência se desequilibram e perdem o senso da realidade. O cérebro "enlouquece" e começam a comprar tudo e qualquer coisa, às vezes ao ponto de arruinarem a si mesmos. Devido à perda do controle de impulso, o cérebro perde a habilidade de pensar racionalmente. Controlar os nossos impulsos nos protege de ações irresponsáveis, como comprar tudo que queremos quando queremos e arriscar perdermos todo nosso dinheiro. Quando o excesso se estabelece, a inibição desaparece e "perdemos o controle".

Um bom exemplo é Jane Restorick, que foi uma ganhadora do Euromilhões e aos dezessete anos de idade se tornou a milionária mais jovem da Grã-Bretanha.

À época, ela tinha um emprego administrativo temporário e morava com sua mãe em um apartamento em Edimburgo. Após ganhar o prêmio, suas primeiras aquisições foram um cachorro Chihuahua e uma bolsa Louis Vuitton. Entretanto, ela disse em um programa da BBC em 2017 que, às vezes, sentia que sua vida havia sido "arruinada" ao ganhar o prêmio da loteria. O que é demais, de uma vez e inesperado é complicado para o cérebro lidar, ainda mais quando se tem dezessete anos de idade.

- O que deve ser feito?

Como mencionado anteriormente, o objetivo aqui não é condenar quaisquer comportamentos ou estimular o autojulgamento. O propósito é identificar as tendências viciosas às quais o cérebro nos sujeita. Saber reconhecê-las nos ajuda a agir contra essas tendências ou ao menos nos desapegar com consciência total por meio de uma verdadeira escolha.

Quando as armadilhas do cérebro estão profundamente enraizadas em nossas vidas, são difíceis de resistir. Em casos de comportamentos obsessivos e viciantes, é ainda mais difícil "desobedecer" ao cérebro. Por exemplo, em relação ao açúcar, tente abster-se de comer algo doce após uma refeição ou até mesmo banir completamente o açúcar do cardápio. Você verá o quão difícil isso é para o cérebro, que precisa da sua dose de sensação prazerosa. É um experimento fácil de realizar; nos permite expor as tensões que nos movem quando os processos do cérebro estão ativos de maneira poderosa.

Com relação aos vícios muito fortes, que impactam o resto de nossa vida social e profissional, é necessário o apoio de um especialista. Para os casos mais sutis, aqueles dos quais nem sempre estamos conscientes, deveríamos começar identificando-os. Em outras palavras, deveríamos observar de uma maneira neutra e desapegada, as armadilhas do cérebro que nos levam aos excessos. Simplesmente observe — através de observações imparciais e desprendidas.

Pode não parecer muito, mas ao observá-las, começamos a nos livrar de automatizações nas quais estamos envolvidos. Dessa maneira, criamos uma distância e isso gera um espaço de liberdade, sabidamente a liberdade de poder escolher ir onde o cérebro quer nos levar naturalmente, compulsivamente ou de se conter ao não levar este impulso em consideração.

A meditação é uma atividade interessante para você. Não há necessidade de meditar por horas. Separar dez minutos à noite para analisar as automatizações e reações impulsivas do dia podem criar a distância que nos traz mais liberdade, mais calma e mais paz interior. Estaremos no caminho de reconquistar o controle do nosso interior. Ao fazê-lo, abriremos espaço para outra busca: por mais fontes estáveis e duradouras de felicidade.

Você consegue fazê-lo?

*****

Ao contrário dos valores efêmeros que o cérebro considera como felicidade, há princípios que garantem uma vida mais leve, livre e mais serena.

Eles estão bem à nossa frente e, ainda assim, invisíveis. Por quê? Porque nos deixamos enganar pelas armadilhas e ilusões do cérebro, que prefere o entusiasmo imediato. O "brilhante" é muito mais atrativo; suas sensações momentâneas e prazerosas são garantidas, até nos acostumarmos e começarmos a buscá-las em outro lugar.

Mas como já mencionei, isso tende a nos afastar do bem-estar estável e duradouro que pode resistir às tempestades da vida. As armadilhas do cérebro nos levam aos prazeres momentâneos, que despertam as moléculas como dopamina ou ocitocina. Lembre-se de que isso não é um julgamento: não há nada de errado em ceder a estes prazeres. Aproveite-os. No entanto, eles não oferecem contentamento e paz. Trazem o entusiasmo e a euforia, e não a felicidade como definimos acima.

O que é sustentável para o cérebro? Como podemos trabalhar para não cairmos em suas armadilhas? É sobre isso que conversaremos nos próximos capítulos: os cinco valores permanentes para o cérebro.

PARTE 3

OS CINCO ELEMENTOS PERMANENTES DO CÉREBRO

1- CONTRASTE

2- VALORIZAÇÃO DE COISAS SIMPLES

3- CONEXÃO COM A NATUREZA

4- DESAPEGO DA MULTITAREFA

5- SEJA VOCÊ MESMO E ESCUTE SEU CORPO

| 1 |

| CONTRASTE |

Na filosofia Tao, você está provavelmente familiarizado com o famoso símbolo do yin e yang. É a imagem de contraste mais conhecida. Opostos, como dois ímãs, não repelem um ao outro, mas atraem-se e complementam-se.

Mais do que nunca na história da humanidade, temos muitos motivos para sermos felizes: nossas necessidades básicas estão largamente satisfeitas e desfrutamos de um luxo sem precedentes. Não temos de caçar por centenas de quilômetros, correr o risco de retornar com as mãos vazias e sentir nossos estômagos revirarem de fome. Atualmente, em sociedades desenvolvidas, mesmo com pouco dinheiro, basta ir ao supermercado e comprar algo para saciar sua fome. Essa é uma realidade que nos fez esquecer o quão horrível deve ter sido vivenciar tais sensações.

Sim, temos condições de viver uma vida plena, mas como já dissemos, não a percebemos e nossa mente prefere focar no que está errado, no que falta em vez do que temos. O contraste é importante para nos mostrar a diferença.

Se perdemos o senso de contentamento, o contraste nos permite estar conscientes dos pilares da felicidade em nossas vidas. Em resumo, liberta o cérebro da habituação à felicidade e do tédio que ela cria. O contraste nos lembra do quão afortunados somos por viver a vida. Na verdade, trazer o contraste para nossas vidas nos permite estar mais conscientes das condições favoráveis que desfrutamos, de saborear a vida atual e, portanto, promover o contentamento.

Mas o que exatamente queremos dizer com "trazer o contraste para nossas vidas"? É simples: imaginar perder o que faz a vida valer a pena, por exemplo, que não temos mais casa, família, comida, água quente e mesmo água corrente na torneira.

O que essa ideia de perda gera em nós age como um antídoto para as armadilhas de insatisfação recorrentes do cérebro. Isso pode soar "masoquista", mas funciona para o cérebro, que se satisfaz com a habituação à felicidade.

Viver em contraste é uma das cinco maneiras de buscar uma mente sã e evitar as ciladas do cérebro trapaceiro e ajuda a lutar contra as tendências de habituação do cérebro. Imagine uma vida toda cor-de-rosa, sem "falhas", mesmo as pequenas; uma vida em que tudo funcione perfeitamente, tudo corra bem e harmoniosamente. Não seria um tanto entediante? Sim. Por quê? Simplesmente, porque o cérebro rapidamente se acostumaria a tudo e ficaria entediado. O contraste, com situações negativas se acotovelando e pensamentos preocupantes emergindo, permite que você aproveite melhor os aspectos positivos de sua vida.

É um pouco como se um pintor fizesse uma pintura apenas com uma cor cintilante: as pessoas, imagens e paisagens não se destacariam. Outras cores são necessárias, cores contrastantes, para realçar todos os componentes da pintura.

Estes são os princípios a serem desenvolvidos a partir da teoria do contraste e da perda. Existem três efeitos principais que se entrelaçam e complementam um ao outro.

Aproveite melhor a vida

Ao desenvolver uma mentalidade de contraste, aproveitamos mais a vida. Vejamos o caso de pessoas nascidas em famílias muito ricas e que são multimilionárias. Vivem em uma atmosfera sem contrastes: sem problemas reais, sem fazer esforços e tudo acontece instantaneamente. Acreditamos frequentemente que essas pessoas vivem vidas extraordinárias e as invejamos. Estamos, então, nos permitindo ser enganados por uma das armadilhas do cérebro: se essas pessoas não desenvolvem em si um mínimo de contraste, suas vidas parecerão entediantes, rotineiras e sem sentido. Existem incontáveis exemplos de filhos de celebridades que acabam em centros de reabilitação, lutando contra problemas com álcool e tendências suicidas.

Como isso é possível? Sempre tiveram tudo. Simplesmente devido à falta de contraste em suas vidas. O contraste traz a consciência, em primeiro lugar, de que temos a chance de viver, e em segundo, de que vale muito mais a pena vivermos uma vida hoje do que em tempos antigos. Assim, valorizamos e nos tornamos conscientes do que temos. As "sombras da pintura" nos permitem colocar nossas vidas em perspectiva e torná-las mais agradáveis por meio do contraste.

Enxergar apenas o aspecto positivo em todos os momentos, afinal, não é uma boa ideia. Por exemplo, durante o lockdown da COVID-19, houve muitas histórias na televisão sobre as dificuldades e insatisfações de muitas famílias que sentiram que o período foi uma provação, porque eles não tinham um jardim ou porque seu apartamento era muito pequeno. Vejam como o cérebro tinha se acostumado a essa realidade: eles tinham um teto sobre suas cabeças, não tinham que se preocupar com o mau tempo e seu apartamento estava aquecido... Com uma mentalidade de contraste, valorizamos o que temos e reduzimos nossas frustrações: e se em vez de noventa metros quadrados para quatro membros da família, eles tivessem apenas um estúdio com cinquenta metros quadrados, o lockdown não seria pior?

Foi quando viram um documentário sobre a situação de famílias em países pobres que algumas pessoas compreenderam que não estavam tão mal, afinal. Então, e apenas então, o cérebro relativizou e um contentamento interno pôde surgir.

Realismo e apego

Uma mentalidade de contraste promove um maior realismo e um desapego interior. Realmente, na maioria das vezes, esperamos apenas coisas positivas da vida. Quando temos uma visão muito suave e rósea da vida, o menor incômodo pode tomar proporções que estão fora do nosso controle. Então, temos um sentimento de injustiça, convencidos de que os outros são felizes porque não possuem todos essas preocupações. Essa visão da realidade é um tanto irreal, devemos admitir. Na verdade, o cérebro atribui importância apenas para sensações prazerosas, positivas e tende a fugir das dimensões difíceis da vida, enfraquecendo assim, nossa forma de encarar a vida. Essa armadilha nos leva à frustração e à insatisfação eternas.

O contraste permite uma apreensão mais realista da vida. Sabemos que ela tem um lado bom (yin) mas também, inevitavelmente, quer gostemos ou não, tem mais aspectos negativos (yang), por exemplo, velhice, perda de entes, problemas de saúde, preocupações no trabalho e fadiga.

Em outras palavras, "a vida não é um rio longo e calmo", como podemos acreditar. Desenvolver uma mentalidade de contraste é a melhor maneira de aceitar e compreender a vida em todas as suas dimensões. Ela certamente provoca um maior desapego: as armadilhas do cérebro que geram frustração tornam-se menos sérias e mais relativas. Isso também se aplica à acumulação de objetos: se continuarmos a comprá-los, trabalhar o desapego nos ajudará a relativizar a sua importância; se perdermos tal objeto, relativizaremos, pensaremos um pouco e a partir de então isso não será mais uma tragédia.

Classifique

Desenvolver um entendimento de contraste é uma maneira relevante de classificar as situações e retomar o foco no que realmente é importante para nós. Podemos então nos tornar mais conscientes do que é importante para a nossa felicidade. Basicamente, trazemos nossos valores essenciais pessoais de volta ao centro de nossas vidas diárias e deixamos os elementos supérfluos em seus devidos lugares.

Uma abordagem de contraste nos permite classificar o que realmente é essencial. Ao nos imaginarmos perdendo esta ou aquela coisa, compreendemos sua importância em nossas vidas e projetamos as consequências que teríamos. Você é apegado ao seu carro; se ele fosse roubado, por exemplo, o quanto isso lhe afetaria? Certamente, isso iria perturbá-lo, mas quanto? Ao ponto de destruir os alicerces de sua vida?

A projeção de contraste revela o que é fundamental. Para a maioria das pessoas, isso coloca as situações em foco: o carro é importante, mas a família e a saúde de entes queridos estão em primeiro lugar. O contraste mental põe em perspectiva o que é mais importante para nós, nossos valores mais profundos e autênticos e não aqueles derivados das armadilhas do cérebro. Consequentemente, nos tornamos construtivamente consistentes. Nós nos posicionamos. A coerência interna, o alinhamento e o cumprimento de nossos valores internos são a base de uma vida agradável.

- O que deve ser feito?

Acima de tudo, para melhor aproveitar os aspectos positivos da vida, projete-se em contraste, imagine a perda, é uma simples estratégia para se adotar. Você pode testá-la imediatamente. Pense em sua vida atual, imagine perder tudo e depois faça a si mesmo a seguinte pergunta: Qual seria a coisa mais difícil de suportar? Que parte da sua vida traria maior arrependimento?

As respostas são geralmente espontâneas e óbvias. Estes são os indicadores do que é realmente importante para você; eles são os pilares da sua felicidade que devem ser atualizados regularmente praticando o contraste mental.

Então disponha do seu tempo para aproveitar o que é importante para você. Torne-se consciente e reconheça estes fortes valores em sua vida.

É sábio repetir este exercício regularmente: uma vez por semana, por exemplo. Isole-se em um ambiente calmo, manifeste a mentalidade de contraste e projete o cérebro em uma perspectiva de perda.

Obviamente, a intenção não é concretizar a perda, mas apenas imaginá-la. Esse é um exercício em projeção mental. Você pode sentir a "calibração" no cérebro quando adota esta mentalidade. É quase instantâneo.

Você pode fazê-lo!

| 2 |

| VALORIZAÇÃO DE COISAS SIMPLES |

Ao nos iludirmos com a distração, prazeres efêmeros, vazios e no acúmulo de objetos, o cérebro nos afasta das coisas simples. Mesmo assim, a vida simples é sinônimo de felicidade e leveza. A vida dos monges de todas as religiões é exemplo dessa simplicidade, pureza e vida feliz. Dessa forma, abandonaram muitas coisas que o cérebro considera essencial, como objetos, dinheiro ou prazeres da carne. Esse exemplo mostra que superar as armadilhas não é impossível e não nos impedem de ser felizes com um dia a dia simples. Pelo contrário, desapegar das armadilhas do cérebro e mantê-las à distância diminuirá as complicações.

À medida que o mundo se torna mais complexo, o mesmo acontece com a nossa relação com as coisas mais simples da vida. Sentimos saudades de um passado recente quando a vida parecia menos complicada e ainda apreciávamos simples prazeres como dar um passeio no campo. No entanto, estamos tão viciados no Google, que é tão simples de usar, que o cérebro trapaceiro nos estimula a mergulhar nele.

Somos seres complexos com crenças, genes e emoções únicas vivendo em um mundo de complexidades e paradoxos. É bem provável que, por exemplo, enquanto lemos um artigo recente sobre saúde e a importância da simplicidade do dia a dia para manter a nossa sanidade, também precisemos baixar e realizar algum treinamento sobre um novo programa necessário para o trabalho.

O mercado entende muito bem a dualidade da nossa era. Por um lado, indústrias inteiras elogiam as virtudes da simplicidade: revistas, aplicativos, comida perfeitamente picada entregue à porta ou dispositivos de alta tecnologia vendidos deliberadamente em caixas brancas minimalistas. Por outro lado, nossa vida diária está mais complexa e o uso de dispositivos tecnológicos tornou-a mais difícil, porque somos obcecados por esses objetos e seu uso nem sempre é óbvio.

Leonardo da Vinci descreveu o que ele julgava ser a simplicidade e falou sobre o "último grau da sofisticação". Ele estava se referindo à simplicidade que resulta do despir-se de tudo o que é desnecessário até que apenas a essência requintada permaneça. O autodomínio está em saber diferenciar o que manter do que descartar.

Então, quão importante é a simplicidade para o nosso bem-estar? A resposta pode ser complicada. Inserir mais simplicidade em nossas vidas cotidianas significa não apenas seguir um estilo de vida desprovido de complicações, mas também colocar de lado os comportamentos impulsivos do cérebro e as automatizações da vida moderna que nos envenenam. Acalmamos os sentimentos mais desestabilizadores e permitimos que a paz se instale. A extravagância é geralmente associada à insatisfação e à frustração.

Quando simplificamos as coisas, acabamos tendo uma vida significativa, que é vivida à nossa maneira. Temos o tempo e o espaço para seguirmos nossos interesses e criarmos a vida que genuinamente desejamos. Geralmente encontramos a verdadeira felicidade nas coisas simples da vida.

Ao viver um estilo de vida simples é mais fácil enxergar a realidade de uma situação. Ficamos mais lúcidos, porque não somos mais guiados pelas automatizações do cérebro.

Nossa mente fica menos estressada, pois tem menos com o que se preocupar. Achamos mais fácil tomar uma decisão sábia quando sabemos nossos princípios na vida. Quando focamos no que é mais importante, nosso nível de estresse diminui e nossa saúde se beneficia disso. O estresse pode afetar nosso humor, pressão arterial e saúde mental, apenas para citar alguns de seus efeitos. Pessoas que vivem uma vida simples focam em sua saúde e prestam mais atenção ao fluxo de emoções em seu íntimo. Elas ganham um maior controle de seu interior ao remover as distrações e outros elementos superficiais.

Quanto mais objetos e coisas possuímos, mais temos responsabilidades e necessidades de servir ao nosso ego e assim, menos liberdade. Coisas simples como caminhar e ouvir os pássaros, observar as nuvens ou saborear completamente o gosto da nossa refeição pode nos fazer muito felizes. Uma vida simples nos oferece uma nova liberdade e frescor. Poucos bens e compromissos refletem menos desordem, que por sua vez significa que perderemos menos tempo limpando e organizando. Imagine não ter que perder tanto tempo mantendo sua vida organizada e lidando com todas as coisas que não precisa ou não quer. Você terá mais tempo livre à disposição.

As sociedades modernas e o cérebro nos convidam a focar em muitas coisas que não levam à felicidade ou à autorrealização. Uma casa grande, o modelo mais recente de um carro ou uma segunda casa em Genebra nunca fez ninguém feliz. Coisas materiais não garantem a felicidade; pelo contrário, elas muitas vezes nos levam a cobiçar e ansiar por mais.

Manter as coisas simples impede que sejamos distraídos pelas tentações que a vida tem a nos oferecer. Simplificar a sua vida lhe proporciona algumas virtudes estáveis. Você precisa superar a resistência do cérebro, que busca a complexidade. Deve-se notar o seguinte:

- A simplicidade não é um sacrifício. Viver com menos não é sinônimo de um plano de vida miserável e desconfortável; pelo contrário, a simplicidade é um meio de descobrir o que é mais importante. Algumas vezes a única maneira de descobrir o que realmente é importante em sua vida é se livrando de tudo o que não é.

- A simplicidade nos modifica. Enquanto muitas mudanças ocorrem de dentro para fora, a simplicidade é uma poderosa maneira de trabalhar de fora para dentro. Ela possibilita a oportunidade de remover as camadas superficiais de preocupação às quais o cérebro se apega e se conecta com o que é mais importante.

- A simplicidade não é a mesma para todos. Pode significar cultivar sua própria comida e viver da terra ou reduzir sua moradia e alugar um apartamento pequeno na cidade próximo ao transporte público. Há muitas formas de alcançar a simplicidade em sua vida e você tem suas próprias prioridades, sua própria concepção de uma vida simples.

- A simplicidade torna você mais aberto. Uma vez que você entende o quão fácil é tornar a sua vida mais simples e aliviar os fardos que o cérebro impõe a você sem o seu conhecimento, você se torna mais aberto à mudança e à novas maneiras de melhorar a sua vida e a vida daqueles ao seu redor.

- Simplicidade é ter coragem de delegar tarefas. Digamos que você esteja limpando sua casa e que você aspira, limpa e faz tudo sozinho, porque a outra pessoa também não o fez. Sim, talvez essa pessoa não faça tão bem quanto você; no entanto, ter a inteligência de delegar este tipo de tarefa diária pode deixar a sua vida mais fácil. Ter a coragem de delegar tarefas domésticas ou de trabalho, mesmo que não sejam feitas completamente ao seu gosto é uma prova de coragem, liberdade do seu perfeccionismo, desapego das armadilhas do cérebro — em resumo, de simplicidade. Ao reconhecer que você pode aceitar o que outra pessoa pode fazer por você, você simplifica seu cotidiano economizando um tempo que pode ser usado para si mesmo e seus entes queridos.

Manter as coisas simples lhe permitirá não se distrair com as tentações que uma vida complicada pode oferecer e você estará mais consciente de que esse jogo não vale o esforço.

- O que deve ser feito?

Defina prioridades

A maioria de nós tem contas a pagar, um trabalho, família e amigos. Fazer um malabarismo com as demandas da vida cotidiana moderna nos deixa com pouco espaço para qualquer outra coisa. Definir suas prioridades significa trabalhar no que é mais importante em seu dia, seu mês e sua vida, focando seu tempo, energia e atenção nisso. Quando você não escolhe as suas próprias prioridades, a vida tem o hábito de escolhê-las por você! Avalie sua vida, identifique as coisas realmente importantes, que mais importam para você (não apenas o que está na sua lista de tarefas), e foque sua atenção nelas. Afaste-se do que não é uma prioridade agora e fique tranquilo em saber que você não precisa fazer tudo nesse momento. Definir prioridades libertará seu dia a dia dos desejos e tarefas que o cérebro propõe e nos faz acreditar que são garantias de felicidade.

Cultive a gratidão

A gratidão é uma boa maneira de conectar-se com sua vida interior. Ela o torna mais forte para enfrentar os altos e baixos da vida. Você será menos reativo e, portanto, mais capaz de se conectar com seu mundo interno. Quando acorda pela manhã é o momento perfeito para praticar a apreciação e o contentamento. A gratidão modifica seu estado de espírito e liberta o cérebro das reações automáticas. Você é obrigado a se sentir melhor e mais leve.

Pode aprender a ser grato por

- sua saúde. Ao pensar sobre os dias em que esteve doente, você é grato por ter uma boa saúde. É então que você percebe o quão importante é priorizar a saúde. Separar alguns momentos todos os dias para ser grato por ter uma boa saúde e se sentir bem é essencial.

- estar cercado de pessoas e ser amado, estimado. Bons relacionamentos são um bom indicador da nossa felicidade. Estar rodeado de pessoas que contribuem para nossa felicidade é importante. Geralmente nos arrependemos de não ter expressado nossa gratidão para alguém antes de ele ou ela nos deixar. E os que estão presentes em nossas vidas agora? Seja grato pelas pessoas que lhe amam, por exemplo, seus pais, amigos ou filhos.

- coisas materiais que lhe dão conforto, isto é, ter um teto sobre sua cabeça, comida, acesso à água limpa... Aprenda a ser grato por essas coisas, pois se tornaram tão comuns que esquecemos, mas são tesouros em nossas vidas.

Organize sua mente

Uma mente desorganizada é uma mente que está cheia não apenas de pensamentos e conhecimentos, mas também de preocupações e problemas. O espaço físico e psicológico está saturado. Uma mente organizada nos auxilia a focar no que é importante, evita distrações e encontra clareza.

Esse é um aspecto essencial ao viver uma vida simples. Ter pensamentos claros lhe orienta a escolher coisas relevantes e essenciais. Realmente, quando você tem pensamentos claros, não se ocupa de coisas superficiais e não essenciais.

Para isso, reserve um tempo para avaliar regularmente a sua situação, um tempo para descomprimir a mente, durante o qual você pode observar todos os pensamentos compulsivos do cérebro que surgem. Não há necessidade de julgá-los ou silenciá-los; você deve sempre permitir que se expressem. Tal postura auxiliará você a se distanciar de tudo o que desorganiza a sua mente; libertará a sua mente de incontáveis pensamentos que literalmente poluem a sua existência. Fechar os olhos e colocar uma música calma ajuda a relaxar.

Você pode fazê-lo!

| 3 |

| CONEXÃO COM A NATUREZA |

Algumas vezes, o que é óbvio nem sempre é facilmente identificado. Coisa óbvias apenas se tornam óbvias quando são ditas. A importância do contato com a natureza é uma delas.

Muitos de nós vivem em cidades. O universo no qual a maioria dos seres humanos evolui agora é urbano, artificial e concreto. As oportunidades de nos reconectarmos com a natureza estão se tornando mais ocasionais.

Ao nos atrair para caminhos de prazeres imediatos, o cérebro trapaceiro nos mantém em nosso espaço e ambiente e não fomenta nossos vínculos com a natureza. Por exemplo, ele nos incentiva a usar o carro para comprar pão em uma padaria local em vez de ir andando ou nos incentiva a andar até uma loja para fazer compras; no entanto, certamente nos sentiríamos bem, descansados e serenos se caminhássemos na floresta. Os efeitos da natureza são bons tanto para o corpo quanto para a mente.

Ao longo da história, os seres humanos foram inegavelmente conectados à natureza e essa conexão é crucial, porque sem ela, não há "nós". Dependemos dela para tudo, desde o ar que respiramos até a água que bebemos.

Embora a sociedade tenha gradativamente perdido de vista esse vínculo especial, ele ainda é importante para muitas pessoas. Pense em como se sentiu na última vez em que passeou na praia, na floresta ou nos campos. Isso é algo que naturalmente estamos propensos a fazer e gostar. Na verdade, muitos estudos confirmaram os muitos benefícios físicos e mentais, tanto em crianças como em adultos, de passar um tempo na natureza.

A natureza tem um efeito calmante e tranquilizante; ganhamos mais perspectiva sobre as nossas preocupações e somos menos enganados pelas armadilhas do cérebro. Tudo fica mais relaxado — corpo e mente. Sentimentos de felicidade e bem-estar podem calmamente se instalar.

A natureza é boa para nós. Existem amplas evidências de que a exposição à natureza é benéfica para a saúde, bem-estar e felicidade; do mesmo modo, os espaços verdes promovem comportamentos pró-sociais. Pouco se sabe sobre as razões para tal, mas não há dúvidas de que a natureza é boa para nós, porque somos parte dela. Saber e sentir esta conexão ajuda a gerar vastos benefícios para a saúde advindos dessa exposição à natureza. Saber o seu lugar na natureza cria significado e alegria.

Descobriu-se em muitos estudos que estar em meio à natureza é tranquilizante, porque ativa o sistema nervoso parassimpático associado ao prazer. Em contraste, o ambiente urbano estimula o sistema nervoso simpático associado à ameaça e à automatização que desencadeiam reações no cérebro.

A experiência de se reconectar com a natureza foi uma descoberta para mim, principalmente para meu cérebro. Durante minha estada no Canadá, mais precisamente em Sherbrooke, os passeios nas montanhas eram de tirar o fôlego. Os lagos, os tons de cores e a presença da natureza foram uma experiência positiva e emocionante.

- O que deve ser feito?

A princípio, é simples, mas na prática é mais complicado. Encontrar um tempo em nossas vidas hiperativas e urbanizadas para mergulharmos na natureza, na verdade, requer algum planejamento. A primeira dica é programar um tempo para estar na natureza, uma vez por semana. Trinta minutos é o suficiente. Se você tiver um jardim, é mais fácil. Por outro lado, um passeio no bosque, um jardim público ou parque servirá. Em qualquer caso, você precisa imergir em um espaço natural.

Além disso, desacelerar é provavelmente o mais importante a ser lembrado ao se conectar com a natureza. A maioria das pessoas vivem suas vidas em um passo tão acelerado que se torna difícil valorizar as sutilezas do canto dos pássaros, plantas, árvores e ambientes naturais.

Ademais, se sua mente está muito ocupada pensando sobre o passado ou futuro você não consegue vivenciar a natureza, mesmo ela estando na sua frente. A sociedade moderna nos ensina a acelerar e a preencher nossos dias com atividades, mas quando se trata da natureza, isso interfere na nossa capacidade de nos conectarmos. Desacelerar é algo que pode ser feito intencionalmente, respirando profundamente e se liberando de qualquer coisa que não esteja no momento presente. Você pode pensar nisso como uma meditação na natureza, focando completamente sua energia nos pássaros, plantas, árvores e animais no seu ambiente. Leva apenas dois ou três minutos e é o primeiro passo para se sentir muito mais conectado com a natureza.

De forma similar, a prática japonesa do *shinrin-yoku*, que significa "banho de floresta", abre nossos cinco sentidos para a natureza. A conexão com a natureza é uma experiência sensorial que os seres humanos têm desde a origem da nossa espécie, mas atualmente, a tecnologia e os ambientes artificiais atrofiaram nosso potencial para a consciência sensorial. Se você está com dificuldades para alcançar uma experiência calma e meditativa na natureza, provavelmente é porque seus cinco sentidos não estão devidamente ativados. Então, quando estiver ao ar livre, sempre comece reservando alguns minutos para conscientemente sintonizar seus cinco sentidos. Algumas simples práticas podem rapidamente restaurar o potencial conectivo total dos seus sentidos: feche seus olhos e ouça os sons da natureza (pássaros, o vento nas árvores), sinta o ar em sua pele, o aroma do bosque. Em suma, utilize sua atenção e presença para conectar profundamente cada um dos seus sentidos ao ambiente natural em que esteja.

Da mesma forma, tocar a natureza é recomendado. Usar o sentido do tato é uma das formas mais diretas de se reconectar com a natureza. Se o local permitir, realmente entre em contato com a natureza. Experimente-a através do tato, não apenas por meio da visão e olfato. Você pode simplesmente acariciá-la com as palmas das mãos ou andar descalço se preferir. Você precisa experimentar, sem julgamentos, as sensações que sentir através do musgo, tronco de árvores, folhas, galhos ou pétalas. Nada mais precisa ser feito: nenhuma conclusão precisa ser tirada, nem buscar nenhuma experiência em particular. Você apenas precisa tocar a natureza e sentir seu benefício. É por esse motivo que a jardinagem é geralmente citada como uma atividade que proporciona benefícios físicos e psicológicos — o jardineiro está em contato físico com os elementos da natureza.

Você pode fazê-lo!

| 4 |

DESAPEGO DA MULTITAREFA

Embora nossa época seja muito confortável em relação às coisas materiais, também experimentamos extrema pressão no dia a dia, começando pela pressão no trabalho. Existem tantas coisas com as quais temos de lidar diariamente que o cérebro se tornou ultrarreativo e cede de bom grado ao que é conhecido, no mundo dos negócios, como multitarefa, isto é, o ato de realizar várias tarefas ao mesmo tempo.

A multitarefa é um derivado da distração no sentido mais amplo: sempre ocupado, sempre em movimento, fazendo várias coisas ao mesmo tempo. Tudo isso é somente um reflexo das armadilhas do cérebro que se apegam a objetos superficiais de atenção. Essas distrações são um dos canais de habituação à felicidade, que nos fazem acreditar que ao realizarmos inúmeros afazeres, podemos preencher um vazio e reaver significado para a felicidade pessoal. Entretanto, como sempre, nos entediamos e perdemos esse significado.

Na verdade, confundimos estar ocupados com ser produtivos. O cérebro, devido às múltiplas atividades, passa a impressão de que somos produtivos, porque estamos "pegando fogo", mas a realidade é um pouco diferente.

Em um estudo, pesquisadores da Universidade de Stanford pediram para os estudantes participantes relatarem seus níveis de multitarefa utilizando diferentes mídias. Em outras palavras, foram questionados sobre com que frequência assistiam televisão, enviavam mensagens ou ouviam música enquanto trabalhavam em seus computadores. Baseados nessas declarações, os pesquisadores dividiram os estudantes em dois grupos: multitarefas intensas e multitarefas leves. Então, testaram as habilidades desses estudantes de realizarem múltiplas tarefas cognitivas, incluindo testes de habilidade de alternância de tarefas. O senso comum poderia supor que os estudantes do grupo de multitarefas intensas teriam maior vantagem em tarefas de alternância, porque passam todo o tempo fazendo isso; entretanto, os pesquisadores, em vez disso, descobriram um paradoxo. Em testes de alternância de tarefas, os estudantes do grupo de multitarefas intensas tiveram pior desempenho que o grupo de multitarefas leves. Eles eram mais facilmente distraídos por sinais irrelevantes e suas habilidades de manter mais de uma coisa em mente eram mais fracas que de outros estudantes, que eram menos propensos a fazer duas coisas ao mesmo tempo. Os pesquisadores então concluíram que pessoas que fazem muitas coisas ao mesmo tempo são menos capazes de filtrar distrações no ambiente. Eles têm mais dificuldade em ignorar memórias intrusas e o mais surpreendente, são menos capazes de suprimir a interferência de uma tarefa rival quando lhes é pedido que se concentrem em uma tarefa alvo. Em outras palavras, encontram mais dificuldades em se libertar das automatizações do cérebro, que "fervem" de uma atividade para outra e, portanto, possuem mais dificuldades de concentração.

Entretanto, a multitarefa se tornou uma realidade na vida de todos nós; o cérebro se acostumou a isso e consideramos normal fazer várias coisas ao mesmo tempo. Para muitos de nós, o maior problema não é, por exemplo, a dificuldade de resistir às tentações de nos mantermos entretidos quando paramos em um semáforo ou quando andamos pela rua, mas a exigência de estarmos sempre disponíveis, de responder emails e mensagens imediatamente, de se encaixar em uma agenda lotada de trabalho e de ter tempo para a família e amigos em um dia muito curto. Geralmente, permitimos que muitas demandas nos distraiam de atividades importantes que requerem máxima concentração, e deixamos assim, um rastro de projetos inacabados e sonhos não realizados.

O cérebro funciona com base no hábito. Se você realiza a mesma atividade repetidamente, a rede neural envolvida na tarefa se torna mais forte e mais eficiente. Isso significa que da próxima vez que realizá-la, a atividade cerebral será levemente mais refinada. É como esquiar em uma montanha: quanto mais vezes o mesmo caminho é trilhado por esquiadores, mais profundos são os sulcos e mais rápida é a pista. Também é mais difícil fazer um caminho diferente, porque agora você precisa ultrapassar o sulco. Quando você realiza multitarefas, o cérebro não necessariamente sabe qual tarefa é a mais importante e irá tender em direção ao caminho mais fácil e já percorrido. Se você está realizando duas tarefas, sendo uma delas mais fundamentada, você verá a sua mente vagar em direção a esta em vez de seguir um novo caminho. A multitarefa pode causar o mau funcionamento do cérebro, favorecendo sua tendência de repetir armadilhas primitivas e reconquistar o controle sobre você apenas por meio das automatizações, as soluções mais fáceis descritas anteriormente. Como o cérebro se concentra principalmente em uma coisa de cada vez, acompanhar a realização de múltiplas coisas simultaneamente ou aceitar vários fluxos de informações pode resultar em diminuição da produtividade e em distração da tarefa atribuída. Foi mostrado que a multitarefa pode até diminuir seu quociente de inteligência. De maneira geral, a multitarefa pode alterar a qualidade de sua vida e arruinar sua simplicidade.

- O que deve ser feito?

É bem possível se libertar da armadilha da multitarefa, simplificar sua vida e permitir a alegria irradiá-la.

A primeira coisa que precisamos fazer é identificar a principal fonte que estimula a distração e convida o cérebro para as multitarefas. Alguns estilos de vida são mais propensos às multitarefas que outros, principalmente os que incluem objetos materiais que usamos diariamente e o tempo de utilização. Os seguintes dispositivos sãos os principais que fazem a multitarefa inevitável para a maioria de nós.

- Smartphones: muitas pessoas provavelmente concordam que este dispositivo é a fonte número um de distração. Ao utilizar os smartphones é mais fácil para as pessoas fazerem muitas coisas simultaneamente, como conversar, verificar email ou realizar chamadas. Parece que muitos dos problemas da multitarefa poderiam ser evitados se você não tivesse um smartphone. Não é de se surpreender que algumas pessoas querem desistir de seus smartphones para viverem uma vida mais produtiva e realizada. Não estamos dizendo que você deva fazer isso, mas reduzir a importância dos smartphones já é um primeiro passo útil. Fazer uma tentativa, ao menos por um final de semana por mês, é definitivamente um experimento que vale a pena.

- Tablets, computadores portáteis ou de mesa: ao utilizar estes dispositivos é mais difícil para a maioria das pessoas evitar a multitarefa.

- Aparelho de televisão: é comum ver pessoas conversando com a família enquanto assistem a um programa de TV. Na verdade, programas de TV são um dreno tanto de energia quanto de atenção.

Todos estes objetos possuem sua utilidade, mas invadiram nossas vidas de tal maneira que nosso tempo de atenção se tornou difuso.

O outro passo que nos permite desapegar da multitarefa e das pressões diárias que ela promove: dar um tempo para o cérebro descansar. Você precisa criar hábitos saudáveis. Se você é uma pessoa cheia de energia que consegue fazer tudo ao mesmo tempo sem ficar cansado ou sobrecarregado, vá com tudo! Mas se tentar fazer demais em pouco tempo é estressante, então é hora de tomar medidas para reiniciar e desconectar com o "foco silencioso". O cérebro ainda é um órgão do corpo humano que com o uso excessivo pode superaquecer; como um músculo, ele precisa de descanso. Além de ter algumas regras simples de higiene (por exemplo, dieta, atividades esportivas), você precisa deixá-lo descansar. Isso não é tão óbvio — em nossa sociedade, descansar é geralmente sinônimo de perda de tempo e improdutividade. Sempre queremos tornar nosso tempo lucrativo, inclusive nosso tempo pessoal. Entretanto, você precisa saber como respirar e "desconectar-se" regularmente. Por favor, reserve dois intervalos de duas a quatro horas por semana, escolhidos de acordo com sua agenda e restrições, apenas para você; em outras palavras, um tempo de relaxamento para se permitir liberar as pressões e descansar a mente.

Esta também é uma maneira de conter as armadilhas e as tendências impulsivas do cérebro; quanto mais cansados estivermos, mais o cérebro nos leva por este caminho (nos agarrarmos a um pacote de batatas fritas assim que chegarmos em casa do trabalho é um exemplo). Reduzir a atividade cognitiva é uma outra maneira de pensar sobre descanso da mente. Isso protege o cérebro do estresse mental enquanto recupera e restaura suas funções normais. Descansar o cérebro não quer dizer ficar sentado em um quarto escuro o dia todo sem pensar em nada. Pelo contrário, significa se afastar de atividades que requeiram processos mentais exigentes, tais como tempo de reação, memória ou multitarefa. Durante estes intervalos de tempo, evite passatempos estimulantes como jogos de estratégia, livros complicados ou jogos de palavras. Quando não estiver dormindo ou descansando, use seu tempo com atividades que não irão sobrecarregar o cérebro, como ouvir podcasts ou música e assistir a filmes clássicos ou desenhos animados. Não exagere em casa. Faça apenas tarefas de casa que gastem pouca energia, como lavar as louças ou alimentar os animais de estimação. Adie ou peça ajuda com as tarefas mais difíceis como pagar as contas, seguir uma receita culinária complexa ou fazer limpeza pesada.

Outra dica importante: aprenda a dizer "não". Quando você se permite estar sobrecarregado com demandas externas ou mesmo com demandas de outras pessoas, você ocupa o cérebro e isso prejudica sua habilidade de descansar e de regenerar-se. Portanto, priorize e diga "não". Se você tem um email importante para escrever, diga a seu filho, colega ou parceiro que você precisa de algum tempo para finalizá-lo, sem interrupções. Da mesma forma, se alguém precisa de sua atenção, coloque seu telefone ou computador de lado e esteja plenamente presente. Não é um crime dizer "não" para outras tarefas ou pessoas.

Outra estratégia interessante para classificar as atividades e aliviar a pressão da multitarefa é usar a sensibilidade do cérebro para benefícios e recompensas. Como disse anteriormente, o sistema de recompensas faz com que o cérebro pregue algumas peças em você e desenvolva comportamentos impulsivos, mas aqui estamos usando esta tendência para nos motivarmos a realizar uma tarefa após a outra. Focar-se em uma única tarefa não é sempre fácil, então tente se comprometer totalmente e obtenha benefícios de uma tarefa ao realizá-la; se for uma tarefa relativa à vida em sociedade, pense em como poderá se recompensar ao finalizá-la! A expectativa da dopamina é um motivador efetivo.

Você pode fazê-lo!

| 5 |

SEJA VOCÊ MESMO E ESCUTE SEU CORPO

Basicamente, somos um corpo e uma mente. Cuidar dos dois é a base para se sentir mais feliz.

Entretanto, não é assim que acontece do dia a dia: sobrecarga mental, falta de tempo e demandas sociais e profissionais significam que muitas vezes enterramos nossas cabeças na areia e não gastamos tempo suficiente cuidando de nós mesmos.

Cuidar do corpo e desenvolver uma mentalidade positiva requer trabalho interno ou, ao menos, um ajuste. Requer uma redução da influência do cérebro, das armadilhas e a reconquista do controle de seu corpo e mente. De maneira geral, "ser você mesmo" garantirá mais serenidade: leveza e felicidade se tornarão concretas. Parafraseando uma famosa citação antiga gravada no frontão do templo de Apolo em Delfos: "Conhece-te a ti mesmo e conhecerás os deuses e o universo".

É disso que se trata. A chave para uma felicidade sólida e duradoura está condensada nesta citação, que é oposta a uma pseudofelicidade efêmera com a qual estamos acostumados e que nos entendia com o tempo.

Você é único, possui seus próprios talentos e experiências. Você pode usá-los para conseguir o que quiser, mas não deveria sacrificar-se por isso. Muitos de nós, às vezes, agem como pessoas que não são. Quer seja para impressionar seu chefe, um parceiro em um relacionamento romântico ou qualquer outra pessoa, você não está sendo você mesmo, porque pensa que assim vai conseguir o que deseja. Por que? (Vide o mecanismo de recompensa do cérebro apresentado anteriormente) Entretanto, quando você não é você mesmo, você altera quem você é e o que você é. Você modifica seus pensamentos e crenças e se torna alguém que tenta agradar aos outros em vez de agradar a si mesmo. Você se torna outra pessoa em vez de ser você mesmo. Neste caso, seu ego se modela para ser reconhecido socialmente, para se sentir valorizado.

Desde cedo, podemos ter sido ensinados que não somos suficientes, que as pessoas não nos aceitarão como somos. Dado o desejo humano básico por conexão e relações sociais, porque somos seres intrinsecamente relacionais, muitos de nós escolhemos nos comprometer, receosos de que se não o fizermos, seremos deixados de lado, isolados e impotentes. Então, encontramos maneiras de convencer aqueles ao seu redor de que merecemos sua amizade, agindo de certas maneiras para agradá-los. Em outras palavras, aprendemos a fingir. Como adultos, pode ser que tenhamos uma dúzia de máscaras à nossa disposição. Atrás de cada máscara está um medo enraizado de nos expressarmos e revelarmos quem realmente somos. Quando nos misturamos e tentamos ser quem pensamos que os outros esperam que sejamos, nossa vida não é tão satisfatória, porque ela não nos pertence; ela é baseada em uma falsa versão de nós mesmos. Isso resulta em uma inibição que se tornou completamente inconsciente.

Ser você mesmo não significa ser egoísta ou não se importar com os outros. Ser você mesmo quer dizer que você ama quem você é. Significa viver sua vida da maneira que deseja, sem se importar com que os outros pensam. Finalmente, significa que você se respeita.

Não se preocupe com o que os outros pensam. Você não pode controlar as pessoas ou seus pensamentos. Se você gosta de quem é, então isso é tudo o que importa. Não permita que modifiquem a pessoa que você é. Você será julgado independentemente do que faça, então ser você mesmo faz a felicidade um objetivo mais fácil de ser alcançado.

Realmente precisamos nos perguntar se somos felizes? A verdade é que algo dentro de nós já sabe a resposta. Quando somos verdadeiramente felizes, sabemos. Quando não o somos, também sabemos. Expor nosso verdadeiro eu, aceitar plenamente nossos desejos mais profundos e encarar nossos medos demandam uma enorme coragem. Temos tentado agradar aos outros por tanto tempo que esquecemos quem somos e o que realmente é importante para nós. Esquecemos de como nos expressar, de ser espontâneos e de reconhecer o que realmente gostamos de fazer.

Está refletido nos mecanismos de nosso corpo e mente. Todos esses fardos, dos quais não estamos conscientes e que evitam que sejamos livres, estão profundamente enraizados. Você precisa fazer um trabalho interno para neutralizá-los gradativamente.

- O que deve ser feito?

Uma vida interior profunda e saudável é o caminho para uma felicidade estável e genuína. Muitos "parâmetros" precisam ser reavaliados.

Colocar seu corpo em movimento

Ser você mesmo também diz respeito à confiança que você tem neste corpo. Amar e valorizar a si mesmo só realmente funciona quando você cuida do seu corpo. Na verdade, começa com ele. Os princípios são bem básicos e neles encontramos a ideia de simplicidade como fonte de alegria.

- Seja fisicamente ativo. O exercício físico é benéfico para todos, mas você compreende o quão valioso ele é? Exercícios diários podem beneficiá-lo físico e mentalmente, melhorando seu humor, reduzindo o estresse e a ansiedade e auxiliando na perda de peso. Obviamente que ir à academia todos os dias pode ser duro, mas existem outras opções, como caminhada, tênis ou yoga, que podem ser mais fáceis de encaixar em sua agenda. O que mais importa é que você adote um hábito que funciona para você.

- Alimente-se bem, que significa comer alimentos nutritivos. Os carboidratos processados são alimentos a serem evitados. Tente dar preferência para produtos não processados — isto é, qualquer coisa que seja cultivada na terra ou em árvores. Quanto mais crua a fruta ou vegetal, mais vitaminas, minerais e antioxidantes ela contém, e mais saudável ela será.

- Desconecte-se da tecnologia. Nos tornamos muito dependentes de nossos computadores e celulares. Embora o estilo de vida frenético tenha gerado em nós uma necessidade oculta de sempre estarmos conectados, o uso contínuo de nossos dispositivos móveis pode ter consequências negativas para nossa saúde e nosso bem-estar em geral. Muitas pessoas decidem exercitar a consciência plena em suas vidas diárias para reduzir a influência de novas tecnologias.

O que significa exercitar a consciência plena? Você deve tentar dar passeios sem seu telefone, focar em uma atividade de cada vez e não checar constantemente seu smartphone em ocasiões sociais.

- Descanse e durma bem. Descanse antes de estar

cansado, para evitar o esgotamento. O descanso refere-se a um estado de relaxamento. Agende períodos de descanso, principalmente se você for extremamente ocupado. Quando você está trabalhando em um projeto por um longo período de tempo, ter uma folga permite a sua mente e corpo relaxarem. Você terá mais energia e até mesmo uma nova ótica para continuar trabalhando em suas atividades após a pausa. Seu corpo se regenera e se cura enquanto você dorme. A quantidade de sono que você necessita para se sentir descansado e revitalizado depende de você. Contudo, é sugerido que você tenha entre sete e nove horas de sono todas as noites.

A importância de relacionamentos genuínos

Para ser você mesmo, você precisa focar em conexões com pessoas que permitam que você seja você.

À medida que pensa em sua vida, se faça algumas perguntas. Seus relacionamentos são genuínos? Você se sente confiante? Você se sente seguro? Você é capaz de mudar? Para um número significante de pessoas, a resposta para todas essas perguntas é "não". Lá no fundo, podemos nos sentir vazios e solitários. Não sentimos a expressão de quem realmente somos e talvez estejamos apenas fingindo. Se você não se valoriza, como espera que os outros valorizem você? Se você não se sente capaz de tomar o controle do seu cérebro trapaceiro, seus relacionamentos se tornarão superficiais e vazios. Não pode haver comunicação sincera em relacionamentos construídos em meio a fingimentos.

Imagine redirecionar toda a energia utilizada com o objetivo de fingir para nossa habilidade de mudança. Consideremos deixar de lado o fardo das expectativas e julgamento dos outros e apenas experimentar sermos nós mesmos, para assim construirmos relacionamentos honestos e saudáveis. Então, para sermos capazes dessa mudança, como paramos de fingir e nos tornamos genuínos? Aqui vão algumas dicas:

- Não imite. Todos somos diferentes, então copiar o estilo de vida de alguém apenas significa sufocar quem você realmente é. Trilhe seu próprio caminho e desfrute caminhar por ele.

- Diga a verdade. Seja honesto consigo e com aqueles que conhecer. Quando você mente, afunda em ansiedade constante, porque toda mentira deve ser coberta com outra mentira, e assim por diante. Ser honesto é a melhor maneira de estar em paz consigo e com os outros.

- Encontre paz na solidão. É melhor estar sozinho e confiante em quem você é que estar na companhia de outras pessoas e mentindo para si mesmo por medo. É apenas quando você supera o medo de estar sozinho que se liberta da necessidade aprovação social. Isso lhe permitirá construir relacionamentos reais.

- Faça apenas o que goste. Não importa o que os outros esperam de você, não comprometa seu estilo de vida. O que você gosta de fazer, continue fazendo.

Esteja consciente do poder dos pensamentos

Pensamentos... São uma infinidade e eles guiam plenamente a nossa vida. Uma das armadilhas mais formidáveis do cérebro é a de gerar milhares e milhares de pensamentos todos os dias, nos quais, literalmente, nos perdemos. Eles dão voltas e voltas e acabam definindo quem somos. Entretanto, como já mencionei, a mente tende a gravar pensamentos negativos em nós. Esses pensamentos possuem um peso maior que os pensamentos positivos que nutrimos.

Pensar negativamente é algo de que nos ocupamos de tempos em tempos, mas a negatividade constante pode destruir nossa saúde mental, nos deixando deprimidos e ansiosos. Isso nos afasta do nosso eu mais profundo.

Pensar positivamente pode melhorar o bem-estar mental, diminuir o estresse e até mesmo fortalecer a saúde cardiovascular, mas a maioria de nós fica aprisionado em padrões negativos de pensamentos. É perfeitamente normal se sentir triste ou deprimido de tempos em tempos. Todavia, se torna perigoso para nós quando estes pensamentos negativos atravessam nossas mentes repetidamente. Chamamos simplesmente de ruminação. Na psicologia, a ruminação é uma forma de percepção que foca em conteúdo negativo, geralmente passado e presente, que resulta em sofrimento emocional. O hábito da ruminação pode ser perigoso para nossa saúde mental; ele pode prolongar ou intensificar a depressão, o que pode prejudicar nossa habilidade de pensar e processar emoções.

A ruminação envolve o mecanismo do cortisol. Esse hormônio, principalmente liberado em momentos de estresse, como vimos, possui muitas funções importantes em nosso corpo. Ter o equilíbrio correto de cortisol é essencial para a saúde humana e problemas podem surgir caso a glândula adrenal libere muito ou pouco cortisol.

Paradoxalmente, o cérebro gosta do cortisol, porque ele nos alerta de um perigo iminente, mas o problema ocorre quando constantemente colocamos nossos corpos e mentes em situações de intenso estresse e pensamentos negativos, que ocasionam uma sobrecarga de cortisol.

Observe alguns dos pensamentos mais penosos a seguir.

- Medos sobre o futuro. Eles podem levar ao medo do desconhecido e, portanto, a pensamentos sobre as piores coisas que podem acontecer, como fracassos e desastres. O futuro ainda não chegou, então as pessoas que o temem estão desatentos e não usufruem o presente, que é o momento em que elas têm o maior controle sobre como vivem suas vidas.

- Arrependimentos sobre o passado. Todo mundo fez coisas das quais se sente constrangido ou se envergonha quando pensa no passado. Pessoas que estão propensas ao pensamento negativo tendem a viver nos erros e fracassos do passado mais do que outros. Não importa o que desencadeia seus pensamentos negativos, você pode administrá-los com certas estratégias. Comece lidando com os pensamentos negativos assim que você perceber que eles estão prestes a se tornar um grande problema na sua vida.

- Sentir que você não está à altura da tarefa. Como mencionado, uma das armadilhas do cérebro é nos forçar, incontrolavelmente, a fazer comparações, porém nossa pequena e inconsciente voz interior é mais rápida em nos desvalorizar do que em nos apoiar e nos encorajar. Estamos mais dispostos a nos comprometer com uma dinâmica que consiste em culpa e julgamento do que com uma análise neutra e objetiva ou uma dinâmica positiva de encorajamento em relação a nós mesmos. Essa famosa voz interior, da qual nem sempre estamos cientes, é um juiz implacável. Isso explica porque nossas experiências negativas se tornam mais entranhadas que as positivas.

Devemos compreender que não somos esses pensamentos. O cérebro nos força a nos identificarmos com eles, para que eles pareçam nos definir, por bem ou por mal. Devemos, portanto, agir na mente para nos permitirmos ser verdadeiramente nós mesmos. Vejamos algumas estratégias para colocar os pensamentos negativos no seu devido lugar.

- A visualização é uma estratégia útil para nos distrair de nossos pensamentos negativos. Tente se imaginar fazendo algo que gosta de fazer, como um passeio no bosque, ler um livro ou escutar uma música. O segredo é treinar o cérebro para pensar em algo completamente diferente, por pelo menos, trinta segundos.

Esteja focado ao tentar esta técnica. Com o tempo, você estará treinado para que seu cérebro siga uma direção diferente cada vez que pensamentos negativos surgirem. Essa estratégia passo a passo requer tempo e prática, pois você não ganhará o controle de seus pensamentos da noite para o dia, sendo assim, esteja preparado e comprometido em praticar esta estratégia no seu dia a dia.

- Outra estratégia é aprender como contrariar seus pensamentos negativos. Para tal, você pode fazer cinco perguntas a si mesmo:

1 - Esse pensamento é verdadeiro? Há algum fundamento para essa crença negativa?

2 - Esse pensamento lhe fortalece ou lhe enfraquece?

3 - Você consegue enxergar algum aspecto positivo desse pensamento ou aprender algo com ele?

4 - Como seria se você não tivesse esse pensamento negativo?

5 - Esse pensamento negativo esconde problemas que você precisa resolver?

- Cerque-se de pessoas positivas. As pessoas com as quais você passa seu tempo possuem uma grande influência sobre como você vive sua vida. Se você quer administrar melhor seus pensamentos negativos, passe algum tempo com um amigo que possui uma energia positiva, uma visão positiva da vida e que esteja disposto a lhe ouvir e compartilhar seus pensamentos e sentimentos.

- Pare de pensar que é culpado por tudo de errado que acontece. Você está fazendo suposições, personificando e reforçando seus pensamentos com mais pensamentos negativos. Nossas mentes possuem uma habilidade incrível de nos convencer de algo que não é verdade, assim esses pensamentos falsos e incorretos reforçam nosso pensamento negativo. Em outras palavras, você precisa estar ciente desse fluxo de pensamentos depreciativos e quebrar o ciclo de negatividade.

Você pode fazê-lo!

Parte 3
Os cinco elementos permanentes do cérebro
SEJA VOCÊ MESMO E ESCUTE SEU CORPO

| CONCLUSÃO |

O Butão é um pequeno país nos Himalaias. O país é pobre e seus habitantes estão longe de possuir todos os confortos modernos da vida que possuímos. Eles conceberam o conceito de "felicidade interna bruta". Menciono este exemplo simplesmente, porque os habitantes deste pequeno país podem nos ensinar uma lição: o caminho que escolheram não é o do conforto material que o cérebro associa com a felicidade. A felicidade depende de outras reflexões.

Aqui eu apresento os princípios do cérebro trapaceiro para compreendermos a origem de muitos dos nossos hábitos e reações. Essas reações, resultantes de um funcionamento natural do cérebro, geralmente nos fazem esquecer dos simples prazeres da vida como ser capaz de tomar um bom banho ou apenas caminhar; de poder enxergar as cores; de viver livre em uma democracia; ter amigos, comida na mesa e um teto sobre as nossas cabeças.

Esse debate sobre a nossa capacidade de nos transformarmos me lembra do que me permitiu seguir em frente em momentos difíceis da vida. Tive de deixar o Brasil aos dezesseis anos, porque tinha o sonho de me tornar médico na Bélgica. Sem falar uma palavra em francês, fui capaz de tornar este sonho possível, principalmente, porque descobri e apliquei as técnicas presentes neste livro. Meu cérebro trapaceiro ainda prega peças em mim, acredite. Mas como um pequeno cavalo selvagem galopando pela planície, buscando liberdade e mudanças, estabelecemos pouco a pouco uma relação de respeito mútuo e viajamos juntos, com disciplina, pelos mais belos caminhos.

O cérebro nos direciona para fontes efêmeras de satisfação que geram frustração. Embora utilizemos o termo "satisfação" para descrever uma variedade de emoções positivas, principalmente alegria, orgulho, contentamento e gratidão, temos dificuldade em distinguir os simples prazeres impulsivos de uma serenidade mais estável e profunda.

Devido ao apego do cérebro a valores superficiais, ele nos leva a comportamentos impulsivos, irracionais e descontrolados. Isso é o oposto da liberdade, no sentido de uma atitude consciente resultado de escolhas ponderadas. O cérebro se lança para as conclusões e nos confunde quando as tomamos como verdades. Entretanto, sabemos muito bem que estas reações, guiadas pelo cérebro, são apenas distrações: a felicidade que buscamos não está nelas. Essas conclusões são ilusões pelas quais, não obstante, facilmente nos sacrificamos sem mesmo perceber. Vejamos um resumo dos cinco elementos efêmeros do cérebro.

Repetição: O cérebro nos faz valorizar algo (por exemplo, um objeto ou experiência) e um entusiasmo nos invade rapidamente; acreditamos que estamos felizes. Mas a onda de sensações é breve e precisamos repetir o ciclo sempre aumentando a intensidade. É interminável. O cérebro se entedia e necessita reproduzir e intensificar o sentimento, de outra forma perde o interesse. O que parecia ser uma fonte de felicidade, acaba se esgotando.

Soluções fáceis: A tendência natural do cérebro é procurar pelos prazeres mais fáceis e imediatos. A noção de esforço é válida apenas quando a relação custo-benefício é aceitável. Do contrário, o cérebro nos estimula a aceitar prazeres rápidos e facilmente acessíveis, soluções simples, ou seja, nos incentiva a sermos preguiçosos. Esses prazeres rápidos e fáceis oferecem alguma satisfação, algum bem-estar, mas no fim das contas, são bem vazios. A corrida por este tipo de satisfação dita a vida de muitas pessoas, que a confundem com uma busca pela felicidade.

Acumulação: A posse de bens materiais se tornou um fator determinante para a felicidade em nossa sociedade consumista. Mas este materialismo é uma pista falsa, uma nova armadilha do cérebro que nos aprisiona aos objetos. É uma falsa promessa de felicidade. Dinheiro não traz felicidade, embora seja verdade que nos ajude a viver uma vida confortável. Contudo, o conforto e os bens não asseguram a paz interior ou a habilidade de ancorar-se no momento presente e de desfrutar cada momento e aspecto da vida. Sabemos disso, no entanto, facilmente nos prendemos ao acúmulo de objetos inúteis.

Excesso: O cérebro precisa de cada vez mais para vivenciar sensações agradáveis, por isso estimula a quantidade. Essa dinâmica insaciável leva ao excesso e se libertar deste ciclo se torna mais difícil.

Tempo: O cérebro nos projeta no tempo. Ir constantemente ao passado e ao futuro impede que vivamos no momento presente. Pensamos que encontramos a felicidade em tais projeções, mas na verdade, geralmente, estão fora do nosso controle. De certa forma, concordamos com essa atitude, porque pensamos ter encontrado a felicidade, mas isso é em grande parte uma felicidade imaginária — felicidade passada ou projetada. A mente encontra aí algum conforto, mas a felicidade simples é permanentemente acessível no momento presente.

Passar a vida submetidos aos impulsos biológicos e químicos do cérebro não traz a serenidade ou liberdade interior que desejamos. Muitas vezes, ouvi pessoas me dizerem abertamente que eu não poderia ser capaz de fazer tal coisa. Talvez estas palavras tenham permanecido comigo, porque desde então tenho lutado para me tornar a melhor versão de mim mesmo. Ao descobrir o que me impedia de avançar, me tornei capaz.

O objetivo não é encorajar uma vida árida, sem prazeres, ou estimular as pessoas a desistirem do mundo e de seus desejos. Não é o que estou dizendo. O propósito deste livro é tornar as pessoas conscientes das automatizações do cérebro e estimulá-las a se distanciarem destes mecanismos e encontrarem uma margem de decisão em suas vidas. O livro também busca mostrar que estas automatizações não são os pilares sobre os quais podemos construir uma felicidade verdadeira que nos permita o bem-estar, pois essa felicidade é nossa por direito, aconteça o que acontecer. A habituação à felicidade é interessante de se descobrir, porém temos apenas o presente para viver, o aqui e o agora. Esse conhecimento tornará a vida mais completa e seus momentos mais intensos.

Reeducar o cérebro é difícil, porque ele está agindo de uma forma natural. Através da conscientização, podemos colocar qualquer automatização em seu devido lugar, sem nos comprometermos cegamente com ela.

Os fundamentos a seguir devem guiar a nossa atenção e a concentração dos nossos esforços.

- **Uma mentalidade de contraste:** O contraste e a perda imaginária são boas maneiras de lembrarmos o quão sortudos somos e quão preciosa é a vida. Ter água encanada em casa, por exemplo, é um milagre, um luxo! Os humanos da antiguidade devem ter sonhado ter tudo isso. Uma mentalidade de contraste nos permite compreender a sorte que temos e avaliar o quanto tudo que nos parece comum, na verdade, é um verdadeiro presente.

- **Simplicidade:** Embora as soluções fáceis sejam uma armadilha do cérebro, a simplicidade possui suas virtudes. Permite-nos distinguir o essencial do acessório, voltar nosso foco para o que é realmente importante para nós e desapegar de coisas superficiais que complicam nossas vidas.

- **Conexão com a natureza:** A natureza é uma necessidade para muitos de nós, sendo vital para manter a nossa saúde emocional, psicológica e física. Em relação aos benefícios para a saúde mental, a natureza pode ser definida de maneira ampla. Significa tanto espaços verdes como parques, bosques ou florestas, quanto espaços azuis como rios, áreas úmidas, praias ou canais. A natureza também inclui árvores em ruas urbanas, jardim particulares e inclusive plantas cultivadas em casa. Surpreendentemente, até mesmo assistir documentários sobre a natureza tem se mostrado benéfico para nossa saúde mental. Isso é uma ótima notícia, pois significa que os benefícios da natureza para a saúde mental estão disponíveis para quase todos nós, não importando onde moremos.

Sabemos que passar um tempo ao ar livre tem sido um dos fatores chave ao lidar com o estresse da pandemia do COVID-19. Durante o lockdown, pessoas relataram que estar em espaços verdes, como parques, as ajudaram.

- **Evitar da multitarefa:** Você sabia que a multitarefa é uma característica essencialmente reservada aos computadores? Deveria ser um alerta para nós que um termo derivado da engenharia de computadores é agora utilizado massivamente para descrever uma forma de trabalho eficiente para os humanos. Não somos programas nem robôs! A multitarefa bem-sucedida é, sem dúvidas, apenas um conto de fadas moderno. Devido à multitarefa, o cérebro nos leva à distração permanente; nossa atenção é constantemente solicitada por muitas coisas ao mesmo tempo. Sem uma regulação, a exaustão física e a sobrecarga mental são inevitáveis. Retomar o foco, voltar-se a si mesmo e desenvolver sua atenção são uma garantia de uma vida menos "dispersa", uma vida mais coerente e provavelmente mais serena.

- **Seja você mesmo:** Nossa vida diária consiste em atender às expectativas dos outros e da mídia. Resumindo, a mídia condiciona, por exemplo, como devem ser nossos relacionamentos, quais esportes devemos praticar e o que devemos pensar. Ao ser você mesmo, esse peso é tirado de seus ombros e você pode tornar-se verdadeiramente confiante; isso nutre uma felicidade sólida e firme, porque você estará vivendo de acordo com sua identidade profunda, seus valores e suas emoções. Na verdade, você sabe quem você realmente é? Desde muito jovem, você foi condicionado a ser de um jeito ou de outro. Passar um dia sendo espontâneo pode parecer estranho, mas às vezes é a única maneira de aprender a ser você mesmo. Não importa o quão esquisito você seja, aprecie-se! Todos somos únicos e ao menos um pouco esquisitos. Valorize isso e liberte-se. Em vez de duvidar de si mesmo o tempo todo, confie em quem você é. Ao mostrar confiança em si, suas escolhas e decisões também mostrarão aos outros que você sabe o que está fazendo.

Viver uma vida feliz não é, portanto, algo abstrato. O primeiro passo é compreender os mecanismos do cérebro trapaceiro. Eles nos levam aonde pensamos que encontraremos a felicidade, porém encontramos apenas prazeres curtos e incompletos.

A felicidade é tangível apenas quando nos traz uma sensação de leveza e completude nos âmbitos intelectual, físico e emocional. Essas dimensões das nossas vidas não podem ser satisfeitas com prazeres efêmeros, por mais atrativas e tentadoras que possam ser. Para nos sentirmos felizes, algo mais profundo e estável precisa surgir.

Embora as percepções sobre a felicidade variem de pessoa para pessoa, existem alguns sinais que os psicólogos buscam quando medem e avaliam a felicidade: sentimento de que está vivendo a vida que deseja, de que as condições de sua vida são boas, de que realizou o que deseja na vida, de estar satisfeito com sua vida e ser uma pessoa mais positiva que negativa.

Pessoas felizes ainda sentem toda a gama de sentimentos humanos — raiva, frustração, tédio, solidão e tristeza - de tempos em tempos. Entretanto, mesmo quando se deparam com o desconforto, eles possuem um senso de otimismo oculto de que as coisas irão melhorar, que podem lidar com o que está acontecendo e que se sentirão felizes novamente.

O mais importante é lembrar-se de que a felicidade não é um estado constante de euforia, ao contrário do que o cérebro trapaceiro quer que pensemos e experimentemos. O hedonismo e o epicurismo, como concebidos no imaginário popular, referem-se à ideia de que a felicidade consiste em satisfazer prazeres fáceis e imediatos. Nisso resumem-se as armadilhas do cérebro: apenas reagimos e não fazemos escolhas. Em outras palavras, não somos verdadeiramente livres quando nossos comportamentos são ditados pelas armadilhas do cérebro; em vez disso, estamos sendo compulsivos.

Na verdade, a felicidade é uma experiência geral de mais emoções positivas que negativas. Esse é o caminho para uma vida mais feliz e realizada.

Há momentos em que precisamos avaliar e julgar a habilidade de uma pessoa de realizar uma atividade específica. Dependendo do tipo de atividade e de quem irá realizá-la, o cérebro rapidamente conclui, por exemplo, "Não é possível que este cara magro levantará esse peso", ou "Essa pessoa acima do peso jamais terminará esta maratona", ou "Tal pessoa não tem capacidade para trabalhar no departamento de vendas da empresa".

Assim como subestimamos os outros, existem momentos em que subestimamos a nós mesmos, duvidando de nossas habilidades: "Eu não tenho o talento musical para aprender a tocar violão"; "Não sou bom o suficiente em matemática para estudar engenharia"; "É muito difícil aprender outra língua".

Você subestima as pessoas quando pensa que elas são incapazes de fazer algo a que se propõem; na verdade, elas possuem as habilidades necessárias. Dizem que as aparências enganam, mas ao pensar assim você pode estar subestimando as habilidades de alguém, assim como você pode subestimar as suas. A ligação entre habilidade e felicidade, na minha opinião, é muito próxima.

A vida é cheia de momentos onde nos sentimos menos confiantes em nossa habilidade de alcançar certo objetivo. No fim das contas, o caminho que traçamos para alcançar este objetivo é uma fonte real de prazer.

Algumas vezes, alcançar este objetivo pode ser tão difícil que desistir parece ser a única saída. Vemos então uma armadilha do cérebro assumir o controle. A habituação à felicidade nos impede de avançar, de sair da nossa zona de conforto e traçar os caminhos em direção aos nossos objetivos. O cérebro indica que é mais confortável dessa maneira. Ela aparece na forma de desculpas que damos para não dar os passos necessários para chegar onde queremos. Preferimos apenas dizer que não conseguiremos, porque assim não temos que tentar.

Por favor, não subestime a si mesmo e as suas habilidades. Você pode se surpreender com o que pode realizar quando tenta enfrentar a habituação à felicidade, essa espécie de zona de conforto no cérebro que não permite que você avance. Você tem em mãos os cinco elementos efêmeros e os cinco valores permanentes do cérebro que permitem a ativação de um mecanismo que identificação que podem desativar a habituação à felicidade.

Imagine como seria se você tivesse a certeza de que pode alcançar qualquer coisa que deseja. Esse é o tipo de mentalidade que você precisa ter e coloco aqui algumas dicas para que siga nesta direção.

Façamos um pequeno exercício para que o cérebro aumente seu senso de capacidade. Lembre-se das vitórias que teve em sua vida, do que já conquistou. Por mais simples que esta vitória seja, ela é importante e significa que, na próxima vez, você pode aumentar a dificuldade do seu novo objetivo. Veja se consegue aumentar o nível de dificuldade um pouco de cada vez.

Pense positivamente e seja otimista. Ignore a todos que dizem que você não é capaz. Uma das coisas que mais nos desestimula é quando desejamos fazer algo e alguém nos diz que não pode ser feito ou que não funcionará. Isso traz todo tipo de obstáculo e acabamos sendo facilmente afetados pelas críticas. Se alguém pensa que você não é capaz, ignore-o. O que pensam de você não é problema seu.

Você pode até ter uma visão bem-humorada e pensar algo do tipo, "Muito bem, pode me subestimar, pois tenho outras competências. Isso será divertido". Essa atitude injeta uma dose de confiança e tornam os desafios mais divertidos. Quando eu comecei a faculdade de medicina, eu era, pra alguns colegas de classe, apenas um estrangeiro que não falava francês e desejava ser médico. Eles me perguntavam por que eu estava perdendo meu tempo, por que sentava ao lado deles.

Mostre-os através de suas ações. Tome as medidas apropriadas. Um passo de cada vez, colha as pequenas vitórias e ganhe confiança na busca do seu objetivo. Tenha em mente que errar é parte do processo; você está fadado a cometer erros pelo caminho, mas provavelmente fará muito progresso com eles. Não tire conclusões de que o que deseja fazer é impossível, de que você não conseguirá. Cometer erros é parte do processo de crescimento pessoal. Pessoas inteligentes e bem-sucedidas cometem erros o tempo todo. Certamente, você será melhor em algumas coisas que em outras. Você não tem que ser perfeito em tudo, apenas capaz de fazer o que seja necessário para alcançar os objetivos que determinou para si mesmo.

Todos possuem seu valor e habilidades. Explore-os e trabalhe duro para que eles o expressem. Conhecer os mecanismos do cérebro e, no fim das contas, seguir o caminho da felicidade sustentável é certamente uma habilidade extraordinária descrita neste livro, porém o mais importante é não subestimar a sua capacidade de superar os obstáculos. Até que você tente fazer algo, você nunca saberá das suas capacidades. Enfim, você estará no controle. Não importa o que pensem de você, escolha seu caminho. Não subestime a habilidade de ninguém, nem mesmo a sua. Esta é minha sugestão pra você: "eu não consigo" nunca mais.

Você provavelmente já entendeu: VOCÊ CONSEGUE!!!

- 125 -

| AGRADECIMENTOS |

- 126 -

Alguns autores encontram soluções para seus problemas ao escrevê-los. Enquanto escrevia este livro, fui capaz de encontrar respostas para muitas das questões que passam na minha mente todos os dias.

Este livro foi escrito com o apoio, colaboração e a confiança de muitas pessoas, para as quais desejo expressar minha profunda gratidão. Embora seja impossível nomear todas as pessoas envolvidas neste projeto, quero agradecer àquelas que acreditaram nesta iniciativa quando ela era apenas uma ideia, principalmente aos meus pacientes. Eles têm sido minha fonte de inspiração para seguir em frente. Sua confiança e participação foram essenciais para a realização desta obra.

| ÍNDICE |